拉萨海关年鉴
2022

《拉萨海关年鉴（2022）》编纂委员会——编著

中国海关出版社有限公司
·北京·

图书在版编目（CIP）数据

拉萨海关年鉴.2022/《拉萨海关年鉴（2022）》编纂委员会编著.—北京：中国海关出版社有限公司，2023.4
（中国海关史料丛书）
ISBN 978-7-5175-0683-6

Ⅰ.①拉… Ⅱ.①拉… Ⅲ.①海关—拉萨—2022—年鉴 Ⅳ.①F752.55-54

中国国家版本馆CIP数据核字（2023）第073327号

拉萨海关年鉴（2022）
LASA HAIGUAN NIANJIAN（2022）

作　　者：	《拉萨海关年鉴（2022）》编纂委员会
责任编辑：	孙　旸
出版发行：	中国海关出版社有限公司
社　　址：	北京市朝阳区东四环南路甲1号　　邮政编码：100023
编 辑 部：	01065194242-7535（电话）
发 行 部：	01065194221/4238/4246/5127（电话）
社办书店：	01065195616（电话）
	https://weidian.com/?userid=319526934（网址）
印　　刷：	北京中献拓方科技发展有限公司　　经　销：新华书店
开　　本：	889mm×1194mm　1/16
印　　张：	15.5　　字　数：260千字
版　　次：	2023年4月第1版
印　　次：	2023年4月第1次印刷
书　　号：	ISBN 978-7-5175-0683-6
定　　价：	160.00元

海关版图书，版权所有，侵权必究
海关版图书，印装错误可随时退换

《拉萨海关年鉴（2022）》编纂委员会

主 任 委 员　　李　晋

副 主 任 委 员　　米玛次仁　王仁俊　尼玛次仁　赵秋霞
　　　　　　　　索朗罗布　姬永新　沈大为　　扎　顿
　　　　　　　　李建文

编纂委员会委员　　（以姓氏笔画为序）
　　　　　　　　王　柯　　王存瑞　　王顺芝　　旦　增　　央　琼
　　　　　　　　白玛央宗　兰　晓　　尼玛次仁　孙　卓　　杨　飞
　　　　　　　　李世森　　李　刚　　李俊英　　李新灵　　吴　刚
　　　　　　　　陈玉珍　　林　琳　　罗　旦　　参木决　　胡德荣
　　　　　　　　贺文利　　袁　勇　　唐林桥　　常　春　　琼　达
　　　　　　　　辜红卫　　普布顿珠　谢　强　　新　功　　德　吉

《拉萨海关年鉴（2022）》编辑部

总　　　　编	李　晋
副　总　　编	米玛次仁
执 行 主 编	吴　刚
执行副主编	胡　鈜　熊　亮
编辑部成员	（以姓氏笔画为序）

丁赞中	于洪淼	于宽辉	王　石	王　琦
王新源	扎　西	扎西达瓦	毛从辉	丹　珍
方士清	方柏涛	巴桑央金	邓艳琳	石晓云
白玛曲珍	白威力	白巍峰	加永拉措	边巴拉姆
曲茜央措	朱　超	刘香龙	刘秋君	刘　浩
刘　通	刘　静	闫雯雯	次仁白珍	次旦卓嘎
次旦旺姆	次旦诺布	江永周	孙　凯	苏　赛
杨　勇	杨高峰	杨　鹏	李二鹏	李建民
李鸿强	束学勇	邱　红	宋　亮	宋贺鹏
张王成	张潇萍	张黎鹏	陈　英	林　琳
拉　珍	罗维昆	郑　皓	赵星锋	胡　刚
胡德戎	柯华生	洪　杰	姚晨曦	袁金涛
夏　菡	候圣青	候雨桐	高林娟	高富国
郭　雄	唐军华	益西措吉	益西康卓	桑　吉
曹晓钢	康　玲	彭洪娥	曾维艳	雍忠云旦
廖　明	熊官清	熊　亮	德　央	德吉央宗

编辑说明

一、《拉萨海关年鉴（2022）》是拉萨海关各单位部门共同参与编纂的资料性工具书，主要载录拉萨海关2021年重点工作及关区发展的基本资料，是全面、客观、系统记载拉萨海关发展历程的编年史。

二、《拉萨海关年鉴（2022）》记述时限为2021年1月1日至12月31日。鉴于本卷是首次编纂，综合反映拉萨海关发展的前言、概况等内容适当上溯。

三、《拉萨海关年鉴（2022）》分为类目、分目、条目3个层级，有特载、专记、政治建设、业务建设、综合保障、隶属海关、事业单位及团体组织、人物荣誉、大事记、拉萨海关统计资料10个类目，以条目为基本记述单元。卷首设海关专题图片。

目　录

综述 …………………………………… 1

海关专题图片 ………………………… 1

第一篇　特　载

拉萨海关贯彻落实"十四五"海关发展
　规划实施方案 ………………………… 3
海关总署　西藏自治区人民政府合作
　备忘录 ……………………………… 24

第二篇　专　记

庆祝中国共产党成立 100 周年和党史学习
　教育 ………………………………… 33
学习贯彻党的十九届六中全会精神 …… 36
统筹口岸疫情防控和促进外贸稳增长
　工作 ………………………………… 39
优化口岸营商环境 …………………… 43
开展国门生物安全行动 ……………… 46
进出口危险化学品及其包装物监管
　工作 ………………………………… 49
打击走私重点专项工作 ……………… 52

精准扶贫驻村工作 …………………… 55

第三篇　政治建设

党建工作 ……………………………… 61
　概况 ………………………………… 61
　宣传思想文化工作 ………………… 61
　基层党组织建设 …………………… 61
　党风廉政建设 ……………………… 62
　青年理论武装 ……………………… 62
　民族团结进步工作 ………………… 63
　"三更"专题教育 ………………… 63
　准军事化建设 ……………………… 64
　工会工作 …………………………… 65
　妇委会工作 ………………………… 65
巡察工作 ……………………………… 67
　概况 ………………………………… 67
　组织领导 …………………………… 67
　政治巡察 …………………………… 67
　整改落实 …………………………… 68
纪检监察 ……………………………… 69
　概况 ………………………………… 69
　监督检查 …………………………… 69
　执纪问责 …………………………… 70

以案促改 …………………… 70
　　专项工作 …………………… 70
队伍管理 ……………………… 72
　　概况 ………………………… 72
　　选拔任用 …………………… 72
　　干部调配 …………………… 73
　　干部管理监督 ……………… 73
　　教育培训 …………………… 74
离退休干部管理 ……………… 75
　　概况 ………………………… 75
　　服务管理 …………………… 75
　　离退休干部党建工作 ……… 76

第四篇　业务建设

法治建设 ……………………… 79
　　概况 ………………………… 79
　　学习贯彻习近平法治思想 … 79
　　法治建设"第一责任人"职责
　　　履行 ……………………… 79
　　海关法治文化阵地打造 …… 80
　　海关法治队伍建设 ………… 81
业务改革 ……………………… 83
　　概况 ………………………… 83
　　业务改革协调 ……………… 83
　　通关运行管理 ……………… 83
　　知识产权海关保护 ………… 84
风险管理 ……………………… 85
　　概况 ………………………… 85

　　风险信息及预警 …………… 85
　　风险布控 …………………… 85
　　风险分析处置 ……………… 86
　　大数据应用 ………………… 87
　　口岸安全风险联合防控 …… 87
关税征管 ……………………… 89
　　概况 ………………………… 89
　　税款征收 …………………… 89
　　征税特点 …………………… 89
　　征管改革 …………………… 89
　　减免税政策 ………………… 90
　　减免税管理 ………………… 90
　　行邮税征管 ………………… 90
　　验估管理 …………………… 90
　　税收风险防控 ……………… 90
　　原产地管理 ………………… 90
卫生检疫 ……………………… 92
　　概况 ………………………… 92
　　疫情防控制度建设 ………… 92
　　信息收集研判 ……………… 92
　　口岸疫情防控 ……………… 92
　　卫生检疫培训 ……………… 93
　　监督检查 …………………… 93
　　内部防控 …………………… 93
　　口岸食品安全抽检 ………… 93
　　口岸卫生监督 ……………… 93
　　口岸病媒监测 ……………… 94
动植物检疫 …………………… 95
　　概况 ………………………… 95
　　进出境动植物检疫 ………… 95
　　预防性消毒 ………………… 96

尼泊尔饲草准入 …………… 96
动植检能力提升 …………… 96
动植检信息收集和预警工作
　机制 ……………………… 96
国门生物安全宣传 ………… 97

食品检验检疫 …………………… 98
概况 ………………………… 98
出口检验检疫 ……………… 98
实验室检测支持和技术指导 … 99
冷链和高非冷货物 ………… 99
进出口食品化妆品安全抽检 … 100
尼泊尔输华中药材准入 …… 100
信息收集和预警工作机制 … 100
进出口食品安全宣传 ……… 100

商品检验 ………………………… 102
概况 ………………………… 102
进口商品检验 ……………… 102
出口商品检验 ……………… 102
放管服改革 ………………… 103
进出口商品质量安全风险预警 … 103
助力地方经济高质量发展 … 103
进出口危险货物及其包装检验
　岗位资质培训 …………… 103
打击假冒伪劣 ……………… 104
助推国产汽车出口尼泊尔 … 104
法定检验商品以外进出口商品
　抽查检验 ………………… 104

口岸监管 ………………………… 105
概况 ………………………… 105
运输工具监管 ……………… 105
货物监管 …………………… 105

场所场地监管（特殊监管区域
　管理） …………………… 105

统计分析及政策研究 …………… 108
概况 ………………………… 108
统计调查 …………………… 108
报关单证档案管理 ………… 108
贸易统计 …………………… 108
业务统计 …………………… 109
数据管理 …………………… 109
监测预警 …………………… 109
统计服务 …………………… 110
课题研究 …………………… 110
编制"十四五"海关发展规划实施
　方案 ……………………… 110

企业管理 ………………………… 112
概况 ………………………… 112
企业资质管理 ……………… 112
多证合一 …………………… 113
海关注销便利化 …………… 113
证照分离 …………………… 113
报关单位备案 ……………… 114
信用管理 …………………… 114

稽核查 …………………………… 117
概况 ………………………… 117
稽查业务改革 ……………… 117
专项稽查行动 ……………… 118
核查业务 …………………… 118
接收主动披露 ……………… 118
属地查检 …………………… 119

查缉走私 ………………………… 120
概况 ………………………… 120

打击走私 …… 120	实验室管理 …… 131
制度建设 …… 120	科研管理 …… 132
队伍建设 …… 121	**督察内审** …… 133
打击走私综合治理 …… 121	概况 …… 133
	督察监督 …… 133
	审计监督 …… 133

第五篇　综合保障

政务管理 …… 125
 概况 …… 125
 应急值守 …… 125
 政务信息 …… 125
 会议管理 …… 126
 公文处理 …… 126
 督查督办 …… 126
 保密档案 …… 127
 政务公开 …… 127
 新闻宣传 …… 127

财务管理 …… 128
 概况 …… 128
 税费财务管理 …… 128
 预算管理 …… 128
 涉案财物管理 …… 128
 基建管理 …… 128
 疫情防控物资保障管理 …… 129
 资产管理 …… 129
 采购管理 …… 129

科技发展 …… 130
 概况 …… 130
 信息化建设 …… 130

内控建设 …… 134
执法评估 …… 134

第六篇　隶属海关

拉萨贡嘎机场海关 …… 137
 概况 …… 137
 政治建设 …… 137
 专项整治 …… 138
 巡视整改 …… 138
 法治建设 …… 138
 优化营商环境 …… 138
 税收征管 …… 139
 口岸疫情防控 …… 139
 检验检疫 …… 139
 监管业务 …… 139
 政务管理 …… 140
 财务及后勤保障 …… 140
 队伍建设 …… 140

八廓海关 …… 141
 概况 …… 141
 党的建设 …… 141
 队伍建设 …… 141

制度建设	142	专项整治	150
综保区建设	142	巡视整改	150
通关管理	142	队伍建设	150
税收征管改革	142	法治宣传	150
原产地管理	142	口岸疫情防控	150
商品检验	142	疫情内部防控	150
动植物检疫	142	实验室管理	151
援尼物资	142	促外贸稳增长工作	151
邮递物品监管	142	援尼物资通关	151
调查研究	143	业务改革	152
企业管理	143	口岸监管	152
查缉走私	143	查缉走私	152
安全生产	143	卫生监督	152

聂拉木海关 145

		国门生物安全	152
概况	145	传染病防治	152
党的建设	145	政务服务	153
政务管理	146	财务及后勤保障	153

普兰海关 154

财务及后勤保障	146		
关心关爱	146	概况	154
海关统计	147	党的建设	155
监管业务	147	党风廉政建设	155
促进外贸稳增长	147	法治建设	155
援尼物资通关	147	检验检疫	156
国门生物安全	148	监管业务	156
口岸疫情防控	148	援尼物资通关	156
内部疫情防控	148	后勤保障	157
查缉走私	148	队伍建设	157

吉隆海关 149

		口岸疫情防控	157
概况	149	思想文化建设	157
政治建设	149		

亚东海关 159

基层党组织建设	149
概况	159

党的建设 …………………………… 159
　　法治建设 …………………………… 159
　　疫情防控 …………………………… 160
　　口岸疫情防控 ……………………… 160
　　监管业务 …………………………… 160
　　财务及后勤保障 …………………… 160
　　队伍建设 …………………………… 160

日喀则海关 ………………………………… 162
　　概况 ………………………………… 162
　　党的建设 …………………………… 162
　　监管业务 …………………………… 162
　　专项整治 …………………………… 163
　　巡视整改 …………………………… 163
　　查缉走私 …………………………… 163
　　政务管理 …………………………… 163
　　财务及后勤保障 …………………… 163
　　督察内审 …………………………… 163
　　援尼防疫物资 ……………………… 164
　　内部疫情防控 ……………………… 164

狮泉河海关 ………………………………… 165
　　概况 ………………………………… 165
　　党建工作 …………………………… 165
　　队伍管理 …………………………… 166
　　法治建设 …………………………… 166
　　督查内审 …………………………… 166
　　口岸疫情防控 ……………………… 167
　　企业管理和服务地方 ……………… 167
　　财务及后勤保障 …………………… 167

林芝海关 …………………………………… 168
　　概况 ………………………………… 168
　　党的建设 …………………………… 168

　　党风廉政建设 ……………………… 168
　　业务工作开展情况 ………………… 169
　　疫情防控与后勤保障 ……………… 170
　　队伍建设 …………………………… 170

第七篇　事业单位及团体组织

拉萨海关后勤管理中心 …………………… 173
　　概况 ………………………………… 173
　　党的建设 …………………………… 173
　　疫情防控 …………………………… 173
　　巡视整改 …………………………… 173
　　干部培养 …………………………… 174
　　采购管理 …………………………… 174
　　部门预算管理 ……………………… 174
　　部门决算管理 ……………………… 174
　　企事业单位财务管理 ……………… 174
　　经营管理 …………………………… 174
　　涉案财物管理 ……………………… 174
　　资产管理 …………………………… 175
　　安全生产 …………………………… 175
　　生活管理 …………………………… 175
　　车辆管理 …………………………… 175

拉萨海关学会 ……………………………… 176
　　概况 ………………………………… 176
　　征文活动 …………………………… 176

拉萨海关技术中心 ………………………… 177
　　概况 ………………………………… 177
　　党风廉政建设 ……………………… 177

科研项目 …………………… 178
　　制修订标准 ………………… 178
　　能力验证 …………………… 179
　　日常检测 …………………… 179
西藏国际旅行卫生保健中心 ……… 180
　　概况 ………………………… 180
　　认证情况 …………………… 180
　　科研方面 …………………… 181
　　常态化疫情防控 …………… 181
　　业务能力维持提升 ………… 181
　　日常体检工作 ……………… 182

第八篇　人物荣誉

拉萨海关首次荣获"光荣在党
50 年"纪念章名单 ……………… 185
2021 年拉萨海关获得扎根艰苦地区
边关工作金质奖章名单 ………… 186
2021 年拉萨海关获得表彰名录 …… 187

第九篇　大事记

2021 年拉萨海关大事记 ………… 191

第十篇　拉萨海关统计资料

西藏自治区进出口商品年度总值表 …… 197
2021 年西藏自治区进出口商品月度
　总值表 ………………………… 198
2021 年西藏自治区进出口商品国别
　（地区）前 30 位总值表 ……… 199
2021 年西藏自治区进出口商品贸易方式
　总值表 ………………………… 201
2021 年西藏自治区进出口企业性质
　总值表 ………………………… 202
2021 年西藏自治区进出口商品收发货人
　所在地总值表 ………………… 203
2021 年西藏自治区进出口商品运输方式
　总值表 ………………………… 204
2021 年西藏自治区进出口商品类章
　总值表 ………………………… 205

"中国海关史料丛书" 编委会

"中国海关史料丛书" 编委会 ……… 211

综　述

拉萨海关是中华人民共和国海关总署的直属海关之一，前身为1960年8月成立的中华人民共和国对外贸易部海关总署驻拉萨办事处。1961年8月，西藏自治区筹委会决定成立外贸局，海关总署驻拉萨办事处并入外贸局，改称西藏外贸局海关管理处。同年12月15日，国务院第114次会议通过《关于在西藏地区设立海关的决定》，决定先在亚东、吉隆、阿里3处设立海关，分别称中华人民共和国亚东关、吉隆关、阿里关。1963年5月，噶尔昆莎、普兰关人员撤离。为了加强对外贸易管理、查禁走私，1963年7月，在定日、定结两地成立外贸海关工作组。1964年8月，根据西藏自治区筹委会决定，外贸局并入商业处，外贸局海关管理处改称为商业处海关管理处。

1965年9月，西藏自治区成立，同时成立西藏自治区人民委员会商业厅，下设海关管理处负责海关管理工作。1968年9月，西藏自治区革委会成立，在革委会生产指挥组财贸组内设外贸小组（含海关外贸）。1971年6月，西藏自治区商业厅内设外贸局（含海关外贸）。1974年9月，经西藏自治区革委会同意，并转报对外贸易部批准，拉萨海关管理处撤销，拉萨海关成立并挂牌对外办公，仍属自治区外贸局管理。1977年3月，经西藏自治区卫生厅批准，中华人民共和国樟木卫生检疫所成立。7月，经西藏自治区和国家外贸部批准，自治区外贸公司商检科成立，对外挂牌为中华人民共和国拉萨商品检验局。1980年2月，《国务院关于改革海关管理体制的决定》发出后，拉萨海关建制收归中央，由海关总署统一管理，并受自治区商业厅监督指导。1980年3月，经国家进出口商品检验总局批准，拉萨商品检验局成立。1983年，拉萨商品检验局更名为中华人民共和国西藏进出口商品检验局。1984年6月，经国务院批准，拉萨海关升格为正局级机构，负责领导和管理西藏自治区内各海关。1988年3月，中华人民共和国拉萨动植物检疫所成立。11月，拉萨卫生检疫所成立。1992年1月1日，樟木、拉萨卫生检疫所划归国家卫生部卫生检疫总所统一管理，并分别改名称为樟木卫生检疫局、拉萨卫生检疫局。4月，根据全国动植检系统机构改革的总体要求，拉萨动植物检疫所更名为中华人民共和国拉萨动植物检疫局。1995年，西藏卫检机构划归南宁卫检局管理。1997年，西藏卫检局划归成都管理局管理。1999年3月12日，海关总署批复成立拉萨海关走私犯罪侦查分局。同年10月18日，西藏进出口商品检验局、拉萨动植物检疫局、拉萨卫生检疫局、樟木卫生检疫局合并组建成立中华人民共和国西藏出入境检验检疫局，负责西藏进出口商品检验、鉴定、监督管理，出入境人员卫生检疫，动植物及其产品检验检疫监督，食品及化妆品检验监督，以及出入境交通工具、集装箱、货物、邮包检疫和口岸卫生监督、传染病检测等；核定直属事业单位3个：西藏出入境检验检疫局检验检疫技术中心、西藏国际旅行卫生保健中心、西藏出入境检验检疫局机关服务中心。1999年6月25日，海关总署批复成立拉萨海关走私犯罪侦查分局（副厅级）。2002年7月，拉萨海关走私犯罪侦查分局列入西藏自治区公安厅序列，名称确定为西藏自治区公安厅走私犯罪侦查局；2003年1月1日起，拉萨海关走私犯罪侦查分局更名为拉萨海关缉私局，是直属于海关总署缉私局垂直领导管理的副厅局级机构，内设办公室、政治处、侦查处、法制处等5个处室，下设聂拉木海关缉私局分、狮泉河海关缉私分局、吉隆海关缉私分局3个正处级隶属缉私分局。2018年4月20日，出入境检验检疫管理职责和队伍划入海关，西藏出入境检验检疫局正式划入拉萨海关，并以拉萨海关名义统一对外开展工作。2021年年底，拉萨海关共有机构33个，其中内设机构16个：办公室、法规处、综合业务一处、综合业务二处、卫生检疫处、动植物和食品检验检疫处、口岸监管处、企业管理和稽查处、缉私局、财务处、科技处、督察内审处、人事教育处、人事教育处、监察室、离退休干部办公室；党委派驻纪检组3个：党委第一派驻纪检组、党委第二派驻纪检组、党委第三派驻纪检组；隶属海关单位10个：拉萨贡嘎机场海关、八廓海关、聂拉木海关、吉隆海关、普兰海关、亚东海关、日喀则海关、狮泉河海关、林芝海关、拉萨海关风险防控分局；事业单位4个：后勤管理中心、中国电子口岸数据拉萨分中心、技术中心、保健中心。

拉萨海关依照《中华人民共和国海关法》和有关法律法规，负责对西藏自治区范围内进出境运输工具、货物、行李物品、邮递物品和其他物品实施监督管理，负责征收关税和其他税费，查缉走私，保护合法的对外经济贸易秩序，编制海关统计，实施出入境卫生检疫、传染病监测和卫生监督，实施出入境动植物及其产品和其他检疫物的检验检疫与监督管理，实施进出口商品的法定检验和监督管理，办理其他海关业务。

拉萨海关地处中国西南边陲，辖区雪峰重叠，山高谷深，地形崎岖，数条茶马古道穿西藏而过抵达南亚，自古以来便处在中国与南亚交流的最前沿，为促进我国西南地区的安全稳定和繁荣发展作出了突出贡献。西藏吐蕃时期设立商官管理对外贸易至今，已

综　述

有千余年历史。公元7世纪初,吐蕃确定文武官制,专门任命商官,管理贸易和税收。18世纪后期,清朝中央政府制定《酌定西藏善后章程》,对西藏地方税收管理等作出规定。1793年,在福康安的主持下,拟定《钦定藏内善后章程》二十九条,经朝廷审定后颁布实施。该章程规定,在吉隆、聂拉木两地抽收大米、食盐及各种物品的进出口税,税收按惯例征收,未经请示驻藏大臣同意,地方政府不得擅自增加税赋。1845年,清朝中央政府批准实施《裁禁商上积弊章程》,对进出口物品税款征收问题作了进一步规定。清代,西藏地方征收的商业税主要分为"削差"和"充差"两种。"削差"即关卡税,"充差"就是集市贸易税。关卡税又分为羊毛卡、盐卡、茶叶卡等,专门征收羊毛税、盐税、茶叶税等。关卡主要设在噶大克、拉孜、帕里、吉隆、聂拉木等地,共有36个税卡。西藏税卡大多实行包税制度,即税卡每年按规定的数额向政府交税,所余的税款作为征税人员报酬等开支。1894年,清朝政府在亚东设关,并于当年5月1日正式开关,对进出口货物不征收关税。其间,西藏地方政府在帕里、聂拉木、吉隆、绒辖、措那等地,按照惯例征收关税和过路税。1913年,亚东关完全关闭。西藏地方政府在亚东春丕、洛布竹居继续设卡,检查进出口货物,在帕里设卡,收缴税款。西藏地方政府对羊毛、牛尾等进出口特殊商品管制较严。1914年,地方政府规定尼泊尔商人经帕里出口上述货物,必须提前10天提出申请,办理许可证。西藏进口香烟、汽油等由帮达昌等大商户专营。20世纪20年代后,为了应付日益庞大的财政支出,西藏地方政府加强税卡力量,在聂拉木、吉隆、帕里等地设立专门机构,派官征税。1947年,西藏地方政府颁布由117个商品组成的《进出口税则》,该税则按物品不同价值分为23类,物品计税单位为两、张、个、盒、驮等。除茶叶征收实物外,其余均以藏币为单位征收。阿里地区征收进出口税由宗政府和头人负责。

1951年,西藏和平解放,百万农奴翻身做主人,万象更新。G214、G219、G317、G109、G318五条国道相继通车,青藏铁路一期、二期工程接续完成,这些交通主干道有力地促进了西藏地区经济的腾飞。1963年2月5日,自治区筹委会对外贸易局制定下发《关于加强领导恢复和发展边境小额贸易的意见》,具体规定边境小额贸易范围和定义。1964年自治区筹委会外贸局发文,进一步扩大边民互市贸易交换物品的限值,互市贸易进出口物品达到1,545吨,价值94万元。

1975年5月4日,明确规定外国人可以从樟木、吉隆、亚东、普兰进出境,不丹人可经帕里、错那进出境。1975年,为应对边贸市场管理混乱、走私违法活动较为严重的情况,自治区革委会明确西藏地方各海关查私工作重点区域和管辖范围,各地海关加强对利用边贸渠道进行走私违法活动的打击,全年查获走私案件68起,其中集团性走私案件2起，案值18万元，通过司法部门追究十多人刑事责任。1980年，西藏地区边境贸易得到大发展，进出口额达42万元。1982年，查获走私案件751起，案值53万余元。1986年9月1日，全面放宽对边民互市贸易管理，允许腹心地区农牧民参与互市，全年全区边民互市贸易总额达到8亿元。1988年3月，拉萨海关充分利用外经贸部下放西藏自治区内进口一、二、三类商品管理权限，促进对外贸易的发展。1993年，西藏地区进出口贸易总额达到40余亿元。1997年1月，拉萨海关查获多起货运渠道走私案件，案值近两亿元。

从1962年建关至2008年，拉萨海关共监管进出口货物692万吨，货值33.18亿美元；监管进出境人员525.13万人次，进出境运输工具36.95万辆（架次），进出境邮递物品32.87万件；查获走私案件6,613起，案值4.15亿元；查获违规案件601起，案值1,244万元。

2018年党和国家机构改革后，出入境检验检疫管理职责和队伍划入海关，拉萨海关进入建设新时代中国特色社会主义新海关的重要阶段。2018—2020年，受中美经贸摩擦、新冠肺炎疫情等不利因素影响，拉萨关区外贸稳定增长出现一定困难。拉萨海关坚持以习近平新时代中国特色社会主义思想为指导，深刻认识新发展阶段，全面贯彻新发展理念，加快构建新发展格局，推动高质量发展，以制度创新和治理能力建设为主线，坚持以系统集成观念推进"放管服"改革，全面落实总体国家安全观，严防疫情疫病传入。

2019年5月，聂拉木海关恢复对尼通关。聂拉木海关在樟木口岸配齐了H986大型集装箱检查系统、核素识别仪等监管设备，同时通过进一步完善监管流程、配齐配强一线队伍、安排属地海关业务关员逐批跟班培训等方式，强化现场监管力度，提升监管的精准度和时效性。新冠肺炎疫情发生以来，全部国际商业客运航班停运，樟木口岸成为尼泊尔自我国进口防疫物资最重要的通道。拉萨海关设立专用窗口，开通"7×24小时通道""绿色通道"，在严格落实口岸疫情防控措施前提下，确保双方装卸及司乘人员"零接触"，在指定场地进行出口货物倒装查验，全力做好援尼疫情防控物资通关保障和质量安全把关工作，为尼泊尔抗击疫情提供了坚定支持。

新时代新阶段，拉萨海关将在以习近平同志为核心的党中央领导下、在习近平新时代中国特色社会主义思想指引下、在伟大建党精神感召下，忠诚捍卫"两个确立"，坚决做到"两个维护"，心怀"国之大者"，担责于身、履责于行，众志成城、奋力前行，在建设社会主义现代化海关之路上再立新功，交出无愧于党和人民的新答卷！

海关专题图片

铸忠诚

◀ 2021年1月28日,拉萨海关开展"抗缺氧·强信仰"冬季"缺氧对抗"准军拉练

2021年4月19日,狮泉河海关机关党支部开展"绿化造林、党员先行"主题党日活动 ▶

2021年6月15日,区直机关工委调研指导拉萨海关青年理论学习工作

2021年7月5日,拉萨贡嘎机场海关开展系列活动庆祝中国共产党成立100周年

◀2021年8月18日,林芝海关开展廉政警示教育参观活动

2021年9月9日,普兰海关▶
开展秋季"极地点兵"准军拉练暨
主题党日活动

◀2021年9月9日,日喀则海关开展廉政警示教育参观活动

担使命

2021年2月9日,拉萨海关召开年终工作会议与全面从严治党工作会议

2021年2月24日,西藏自治区打击走私领导小组参加全国海关缉私工作视频会议

2021年4月20日，李晋关长在缉私局调研

2021年5月8日，李晋关长在拉萨海关监控指挥中心检查樟木、吉隆口岸出口货物检疫监管情况

◀ 2021年6月9日,普兰海关开展边境巡查工作

2021年12月28日,拉萨海关产业扶贫项目顺利建成 ▶

◀ 2021年12月30日,拉萨海关技术中心实验室为"西藏好水"保驾护航

守国门

2021年5月26日,林芝海关开展国门生物安全监测工作 ▶

◀ 2021年6月1日,聂拉木海关樟木口岸友谊桥消杀作业场所防雨棚投入使用

2021年6月11日,亚东海关开展2021年实蝇监测布点工作 ▶

◀2021年6月18日,拉萨贡嘎机场海关深入驻地检疫处理单位开展疫情防控知识宣教和督导检查

2021年6月29日,亚东海关▶
开展"全国食品安全宣传周"宣传活动

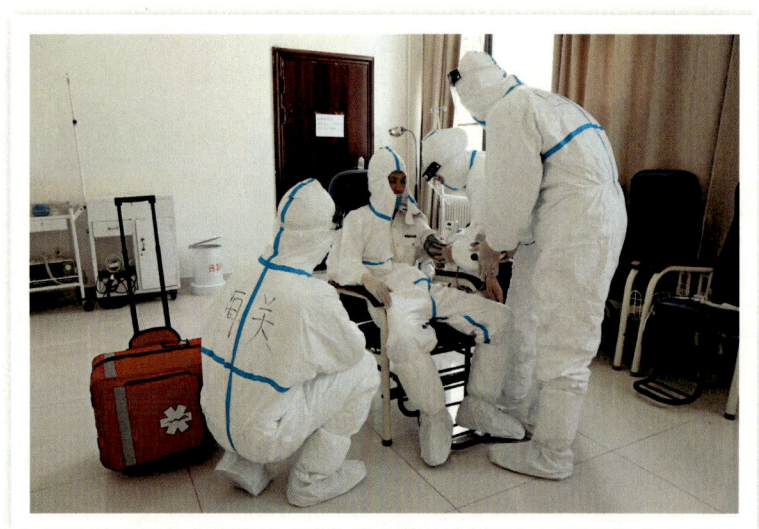

◀2021年6月29日,拉萨贡嘎机场海关联合西藏民航区局医救中心开展职业暴露感染应急处置演练

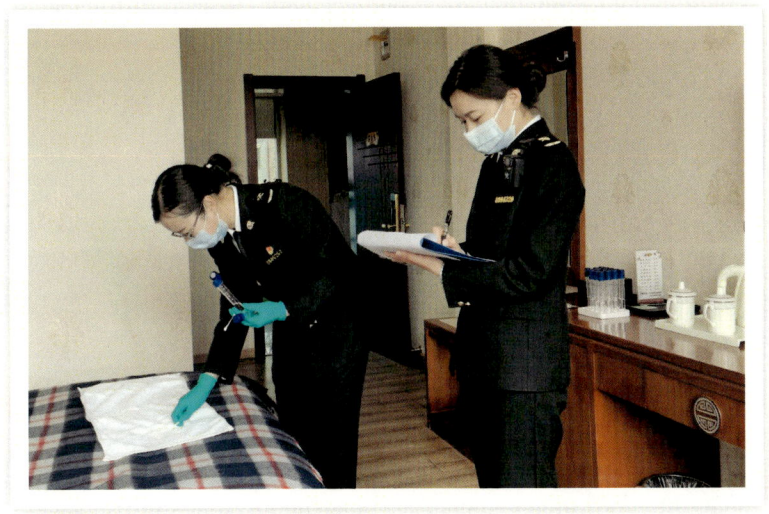

◀ 2021年7月1日,普兰海关开展2021年国境口岸卫生监督抽检工作

2021年12月16日,吉隆海关 ▶
查获大量疑似出口赌博用筹码

◀ 2021年12月13日,八廓海关以视频连线方式联合多地海关开展文物进出境监管培训

促发展

2021年5月25日,聂拉木海关开通绿色通道,助力首批援尼液态氧顺利通关 ▶

◀ 2021年6月1日,八廓海关、聂拉木海关全力保障援尼医疗物资顺利通关

◀ 2021年6月10日,拉萨海关认证组对关区首家申请高级认证的企业开展实地认证

2021年6月29日,日喀则海关前往陈塘、日屋非设关地监管验放出境援尼物资 ▶

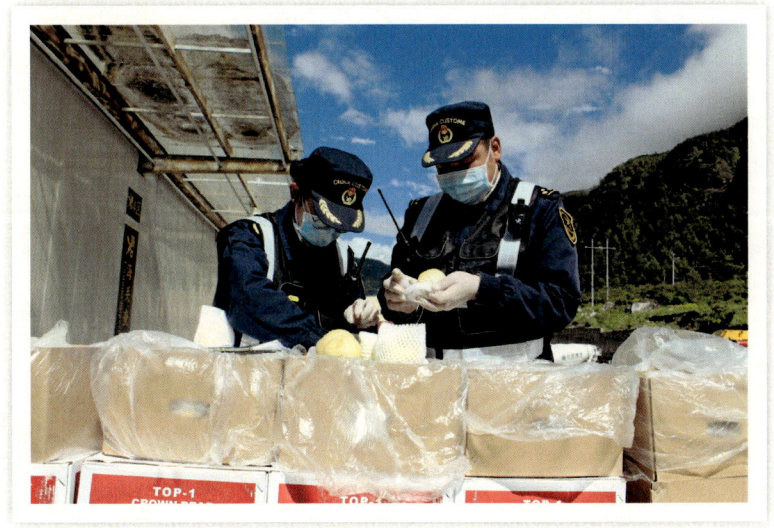

◀ 2021年8月3日,吉隆海关派员监管农副产品出口

◀ 2021年8月15日，林芝海关派员指导林芝易贡茶叶种植场开展生物安全监测工作

2021年12月3日，吉隆海关关员验放汽车出口 ▶

◀ 2021年12月31日，吉隆海关克服暴雪天气，全力保障通关顺畅

齐奋斗

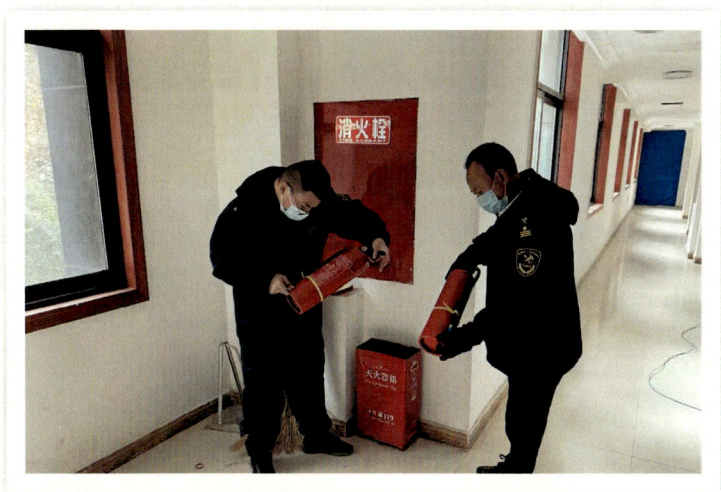

2021年2月7日，聂拉木海关节前检查消防设施

◀2021年3月8日，拉萨海关以"纪念建党100周年　再现巾帼风采"庆祝"三八"国际妇女节

2021年3月26日，吉隆海关组织开展春季防火应急演练

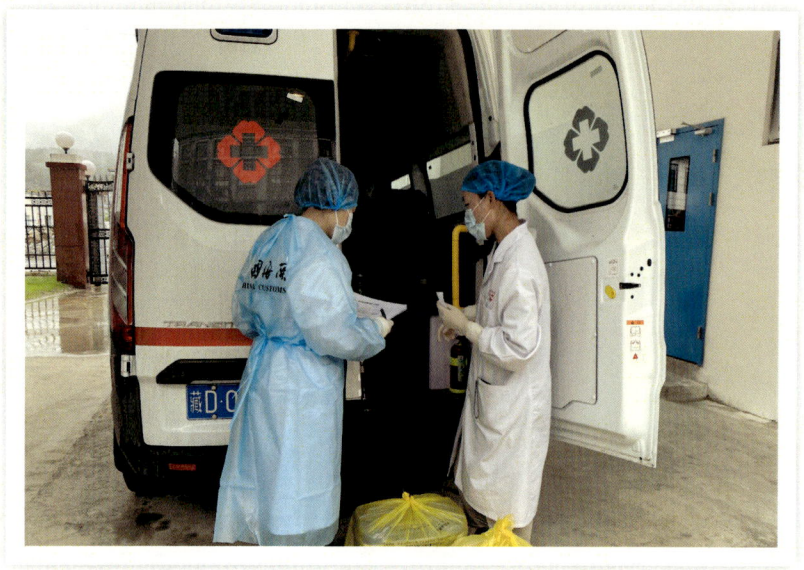

◀ 2021年6月2日，吉隆海关协助地方政府开展辖区新冠病毒核酸筛查工作

2021年6月9日，拉萨海关举办"防风险、保平安"主题消防安全知识讲座及实操演练 ▶

◀ 2021年9月9日，日喀则海关开展"和谐与文明同在 法治与发展共存"法治宣传活动

2021年9月17日,拉萨海关进行法治宣传

◀ 2021年12月6日,狮泉河海关应对强降雪天气

2021年12月29日,聂拉木海关派员为因暴雪滞留的司乘人员提供速食充饥

第一篇

特载

拉萨海关贯彻落实"十四五"海关发展规划实施方案

为认真贯彻落实海关总署关于"十四五"海关发展规划工作的部署要求，高效推动《"十四五"海关发展规划》（简称《规划》）落地实施，更好地促进关区各项事业高质量发展，立足西藏经济社会发展和拉萨海关实际，制定本实施方案。

一、"十四五"时期拉萨海关发展新方位

"十四五"时期是我国全面建成小康社会、实现第一个百年奋斗目标之后，乘势而上开启全面建设社会主义现代化国家新征程、向第二个百年奋斗目标进军的第一个五年。当今世界正经历百年未有之大变局，我国正处于实现中华民族伟大复兴的关键时期，全面建设社会主义现代化国家新征程已经开启。

习近平总书记关于西藏工作的重要指示和新时代党的治藏方略，为做好西藏工作提供了根本遵循和行动指南。新时代，西藏面临着复杂严峻的形势，呈现出"五期叠加"阶段性特征。拉萨海关处于西藏自治区对外开放前沿，落实总体国家安全观、推动青藏高原生态保护和可持续发展的战略地位更加突出，促进西藏自治区高水平开发开放、高质量发展的职能作用更加凸显。

展望2035年，拉萨海关必须抢抓机遇、乘势而上、奋力前行，向更高的标准看齐，向更高的目标迈进，在新发展阶段的大背景下谋划未来发展，实现党的领导在海关工作中的全面统领作用，全面提升海关改革的系统性整体性协同性，建成与全面建设社会主义现代化国家相适应的海关监管体制机制。

二、指导思想

高举中国特色社会主义伟大旗帜，全面贯彻党的十九大和十九届二中、三中、四中、五中、六中全会精神，坚持以马克思列宁主义、毛泽东思想、邓小平理论、"三个代表"重要思想、科学发展观、习近平新时代中国特色社会主义思想为指导，全面贯彻党的基本理论、基本路线、

基本方略，深入贯彻习近平总书记对海关工作的重要指示批示精神和关于西藏工作的重要论述，全面落实海关总署党委工作部署，全力支持自治区党委政府工作要求，细化"十四五"时期海关发展规划部署和要求，立足新发展阶段，贯彻新发展理念，构建新发展格局，聚焦服务高质量发展，推动高水平开放，保障高标准安全，提升高效治理能力和"稳定、发展、生态、强边"四件大事，全面深入推进政治建关、改革强关、依法把关、科技兴关、从严治关，高质量开展拉萨海关建设，为建设社会主义现代化新西藏贡献海关力量。

三、基本原则

——坚持党的全面领导。增强"四个意识"、坚定"四个自信"、做到"两个维护"，坚持新时代党的治藏方略，把加强党的全面领导贯穿海关工作全领域全过程，在思想上政治上行动上坚决同以习近平同志为核心的党中央保持高度一致，在推进海关改革发展中加快把党的政治优势、制度优势转化为发展优势、治理优势。

——坚持以人民为中心。坚持人民主体地位，坚持共同富裕方向，把满足人民对美好生活的向往作为海关一切工作的根本价值追求。坚持"三个赋予、一个有利于"，坚决践行"人民海关为人民"的理念，公正执法，精准履职，高效服务，密切关注群众需求，积极回应社会期盼，努力让人民群众的获得感成色更足、幸福感更可持续、安全感更有保障。

——坚持新发展理念。把新发展理念作为海关工作的指挥棒，将其贯穿新时代海关发展全过程、各领域，使创新、协调、绿色、开放、共享融入海关改革发展，做到一体把握、全局统筹、协同推进、联动发展，以创新为引领，用创新破解海关发展难题，以重点突破带动全局工作不断迈上新台阶。

——坚持深化改革开放。坚定不移推进海关改革，大力加强海关制度创新和治理能力建设，破除制约高质量发展、高水平开放的体制机制障碍，主动服务融入国家对外开放战略和西藏自治区重大战略，不断优化营商环境，持续增强海关发展动力和活力。

——坚持系统观念。加强前瞻性思考、全局性谋划、战略性布局、整体性推进，牢固树立大局意识，兼顾国内国际两个市场，聚焦发展、安全两件大事，着力固根基、扬优势、补短板、强弱项，实现全面协调可持续发展。

——坚持边关特色。立足西藏自治区实际，持续增强政治意识，提高政治站位，探索具有边关特色、体现时代特征、彰显新时代发展之路，贯彻落实总体国家安全观，坚持以服务西藏经济高质量发展为己任，持续推动西藏高质量对外开放。

四、主要目标

——政治建设水平大幅提升。政治信仰更加坚定，政治领导坚强有力。政治判断力、政治领悟力、政治执行力显著提高，政治生态风清气正。维护国家安全和利益更加坚决有力，服务国家重大发展战略更加积极有为，落实海关总署党委部署更加行之有效。坚定走好"两个维护"第一方阵，在强化党建引领、推动党的建设高质量发展上成效显著。

——制度创新和治理能力大幅提升。改革创新更加系统集成、协同高效。全国通关一体化改革任务在关区全面落地，机构改革"化学反应"全面实现。业务结合联动顺畅，业务基础更加扎实，关区整体改革的系统性、整体性、协同性不断提升。国门安全防线更加牢固，口岸跨境贸易便利化水平不断提升，多层次开放平台体系更加健全，关区监管制度更加完善。

——法治建设水平大幅提升。法治思维进一步强化，法治实施保障更加协同有力，法治固根本、稳预期、利长远的保障作用得到充分发挥，行政权力监督制约更加严密有效。关区业务执法统一性、规范性增强，权责清单、职责任务更加明确，制度规范体系更加系统完备，职责履行更加全面高效，执法水平全面提升，关区法治建设取得重大进展。

——科技应用水平大幅提升。关区科技研发和应用工作机制更加健全，业务科技一体化顺畅推进，大数据、云计算、区块链、人工智能等新技术在关区普遍应用。关区实验室规划布局更加合理、技术体系更加完善，检验检测能力明显提升。科技资源配置更加集约高效，口岸监管装备应用效果显著。

——干部队伍素质大幅提升。准军事化海关纪律部队建设成效明显，两级党委建设不断强化，各级领导班子不断优化，清廉海关建设不断深化。干部素质全面提升，干部队伍结构更加合理，干事创业认同感和向心力显著增强。队伍纪律作风更加严明，精神面貌更加振奋。队伍激励和保障机制进一步完善，综合保障能力不断提升，工作生活环境持续改善，文明单位建设成果丰硕。

五、主要任务落实措施

（一）构建国门安全防控体系，坚决维护国家安全。

全面落实总体国家安全观，坚持底线思维，坚决将危害国家安全、社会稳定和人民健康的货物物品以及传染病、动植物疫病疫情、外来入侵物种等拒于国门之外。

1. 加强进出境环节实货监管。

严格依法履职，持续强化口岸监管。落实口岸监管环节打私、反恐、防扩散和出口管制等工作，强化口岸核生化有害因子监测处置，加强对涉枪涉毒、"洋垃圾"、象牙等濒危动植物及其制品、主要涉税或涉证商品等走私违法活动打击力度。持续加大重点商品管控，有效落实贸易管制措施。落实"扫黄打非"工作部署，重点强化对涉"藏独"类违禁品查缉力度。强化口岸核生化有害因子监测处置，有序实现关区涉及口岸监管业务海关反恐、核生化有害因子监测等应急演练全覆盖。

提高进出境货物查检作业规范性和科学性。拓展和丰富二级监控指挥中心监控检查机制，实现关区二级监控指挥中心实体化运作，推动关区三级监控指挥中心试运行。积极协调地方政府推进拉萨航空口岸、里孜口岸、樟木口岸场所规范化建设及改造。持续规范口岸查检作业，优化监管设备配置，继续深化新一代查验管理系统的推广应用。加大智能审图等新技术的推广应用，持续提高口岸货物监管的快速监测探测能力，推动关区涉及口岸监管业务海关智能审图应用全覆盖。推动"智慧旅检"建设，实现关区旅检业务现场单兵系统应用，逐步打造"选得好、拦得住"的旅检现场作业机制，提升旅客通关体验。

2. 提升税收征管质量。

持续深化综合治税。建立税收风险协同防控体系，提高税收精准预测和科学把控能力，高质量推动税收征管工作。落实各项税收优惠政策，加强《区域全面经济伙伴关系协定》（RCEP）原产地规则和关税减让前期宣传和生效实施工作。引导企业用好用足保税、减免税等政策，指导各边境口岸边民用好用足边民互市贸易政策，支持补齐产业链供应链短板，保障和促进产业安全。落实税收征管规定，确保海关税收预算目标完成率100%。

优化税收征管方式。强化关区税收征管信息化应用水平，按照海关总署要求，在关区实现H2018税收征管平台、进出口原产地管理信息化平台及税收担保系统的推广应用，持续做好原产地证书智能化审核电子联网和自助打印推广应用工作。加强非贸渠道税收征管，在关区实现行邮税电子缴库。持续优化税收征管方式，进一步推广关税保证保险、汇总征税、自报自缴等便利措施，提升关区税收征管便利化水平。

优化税收征管环境。强化部门间协作配合，持续打击各类涉税违法活动，重点针对价格低报瞒报、减免税设备移作他用、不实贸易等问题，维护安全公平有序的贸易环境。

3. 维护口岸公共卫生安全。

提升口岸卫生检疫水平。加大对国境口岸公共场所、储存场地等监管力度，加强对饮用水、集中空调通风系统、公共场所微小气候与空气质量、旅客用品等的抽样检测软硬件能力建设。严格开展国境口岸卫生许可工作，严格实施口岸食品安全监督抽检计划，督促生产经营者落实主体责任，建立生产经营者食品安全综合评价和诚信公示制度。推进各口岸卫生监督快速检测能力建设，推进有条件的口岸建立病媒生物口岸实验室，提升病媒生物监测和初步鉴定能力。强化保健中心技术支撑，提升传染病实验室检测能力。

提升口岸突发公共卫生事件应急处置能力。深化联防联控常态化运作机制，加强与地方卫生健康、公安、移民等部门的协作，及时跟进调整口岸突发公共卫生事件应急处置联防联控预案，推动实现联合调查、联合预警、联合管理、信息共享，建立跨部门、跨区域、跨专业的公共卫生应急联动机制。组建拉萨关区口岸突发公共卫生事件应急处置专家组和工作组，完善重大烈性传染病防控、不明原因传染病应急预案和防控技术方案，建立健全拉萨海关、其隶属海关2级口岸突发公共卫生事件应急处置架构，落实新冠肺炎疫情防控长效工作机制。实施应急队伍"在岗—预备—储备"三级管理模式，完善区域性分级应急物资储备制度。

4. 维护国门生物安全。

完善进出境动植物检疫风险防控机制。加强执法互助和信息共享，完善多渠道的疫情监测及风险预警机制。搜集境内外动植物疫情信息，加强口岸及周边外来物种和有害生物监测、进出口食用农产品和饲料安全风险监控，强化结果应用，确保无重大动植物疫病疫情从关区口岸传入传出。结合口岸检疫截获情况，制定关区动植物及其产品风险分级清单，实施风险分级管理，实现精准布控，增强风险早期识别和预警能力。

加强进出境动植物检疫监管。加强进境动植物及产品生产、加工、存放单位监管。优化进境动植物及产品后续监管，完善动植物及产品全链条监管体系。加强涉及生物安全的查处力度，禁止生物物种资源、人类遗传资源未经许可出境。

健全进出境动植物检疫应急处置机制。建立健全"拉萨海关—隶属海关""隶属海关—口岸其他部门"口岸重大动植物疫情和外来入侵物种应急处置机制，完善跨部门、跨区域重大动植物检疫风险协作联动处置机制。加强应急管理体系建设，建立口岸海关重大动植物疫情应急检疫处理物资储备长效管理及动态调整机制。完善口岸重大动植物疫情及外来入侵物种应急处置预案和防控技术方案，落实各环节防控责任和紧急防控措施，强化应急处置演练，提升快速应对能力。口岸海关动植物检疫标准化建设覆盖率达到100%。

强化动植物检疫技术支撑。加强口岸检疫设施设备和疫情防控设施配备，推进海关监管作业场所（场地）动植物检疫查验设施以及口岸初筛实验室建设。做好动植物检疫岗位资质认定，推动动植物检疫岗位资质认定工作常态化。

5. 强化进出口食品安全监管。

严格落实进出口食品安全现代化治理制度。严格落实输华食品准入管理制度，严格落实输华食品检疫审批措施，严格落实输华食品证单审核要求，严格落实输华食品进出口商备案管理制度，严格落实两级进出口食品化妆品监督抽检和风险监测计划，提高重点贸易国家（地区）、重点产品、重点项目的覆盖率，完善常态化工作检查机制和问题反馈机制。严格落实进口食品进口销售记录核查制度，推动进口商落实主体责任。持续加强货运、行邮、边民互市贸易渠道下食品安全监管。

推进尼泊尔食用农产品输华准入管理。积极推进进境肉类、进境水果等指定监管场地建设。优化境外生产企业注册管理，完善进境动植物源性食品检疫审批管理，从源头上保障进口食品安全。

优化进出口食品监督抽检和风险监测机制。开展进出口食品安全监督抽检和风险监测，持续做好取送样记录、监测结果、风险信息表等相关资料的整理、归档和保存工作，提升口岸快速反应能力，更加有效处置进出口食品安全风险事件。采用"双随机、一公开"抽查逐步覆盖食品监督各环节，提升口岸快速反应能力，更加有效处置进出口食品安全风险事件。

6. 保障进出口商品质量安全。

建立健全进出口商品质量安全监管制度。完善关区进出口商品质量安全风险监测、评估、预警、处置等管理制度。持续开展质量月活动。建立多部门联系配合机制，加强进出口商品质量安全信息分析研究，优化重点商品风险布控清单，合理运用"科学随机"和"人工精准"布控，对低风险商品实施高效的合格评定和快速放行，对高风险商品和高风险项目实施重点监管，提升关区进出口商品质量安全风险防控能力。

推动第三方检验结果采信。采取多样化、差异化的合格评定方式，落实采信检验检测结果管理制度，对被采信机构实施目录管理，有序推进检验结果采信。

7. 强化风险整体管控。

推进关区业务风险一体化防控。强化关区内部风险联合防控，完善内部统筹协作机制，优化重大查发现场快速响应机制，开展联合分析研判，提高关区业务风险整体防控水平。整合公共卫生、生物安全、进出口食品安全、进出口商品质量安全等领域的风险防控规则，推进全领域、全渠道、全过程风险防控。推进非贸领域风险防控全覆盖，充分发挥非贸寄递渠道及旅客行李物品数据分析作用，打造关键要素风险知识库，深化重点领域专项风险防控。

推进风险防控联合协作。积极参与建立西藏与四川、云南、甘肃、青海"涉藏省区海关风险管理协作机制"，推动信息共享、数据互换、联合研判，推动构筑区域范围内信息共享、处置协同、执法统一的风险防控模式。巩固强化口岸各部门安全风险联合防控机制，积极推动与环保、市场监管、林草、濒管办、移民等部门的协同配合，建立日常联络及议事机制，搭建跨部门联合研判工作渠道，推进信息共享，做好口岸拦截。

强化海关风险信息工作。优化风控研判与稽核查、打私部门的线索通报、处置成效反馈机制，在重点专项、大要案领域进一步深化协作。推进风险管理信息化系统应用，开发符合关区实际的大数据应用模型。加快新一代风险作业系统和风险管理子系统的推广应用。

8. 持续深入推进重点领域安全生产。

按照"全覆盖、零容忍、严监管、重实效"要求，持续在关区开展安全生产集中整治工作；推动对照安全生产专项整治"突出问题隐患清单"和"制度措施清单"开展排查相关工作常态化；健全口岸监管现场发生危急事件和重大敏感情事后应急处置预案。梳理并及时更新危险货物海关检验工作规范。建立安全生产监管联防联控机制；严格落实进口危险化学品口岸"批批验核+抽批检测"和进口危险化学品口岸海关包装检验、目的地海关内容物检验的系列要求。建立健全实验室安全管理制度，落实执行国家实验室安全管理各项规定，加强对实验室人员的安全培训和教育，加强实验室安全有关环境设施建设和设备配置。完善涉案财物保管场所和保管措施，确保涉案财物仓库消防装置、器材配备安全性有保障，确保易燃易爆等危险品特别是危险化学品等存放合规安全。严格落实口岸检查作业指令执行反馈。

9. 严厉打击走私违法行为。

持续保持高压严打态势。坚决防范和打击各种渗透颠覆破坏、暴力恐怖、民族分裂、极端宗教等活动，严防各类违禁品进境。坚决打击"洋垃圾"、象牙等濒危动植物及其制品走私行为，结合关区业务特点及走私态势，围绕重点领域、重点行业、重点商品走私违法行为始终保持高压严打态势。

加强打私专业能力建设。着力打造"智慧缉私"建设，夯实"智慧缉私"应用的硬件基础和综合保障体系，提升打击走私专业化水平。深化执法规范化建设，提升专业打击能力水平，切实做到严格规范公正文明执法，努力实现执法效果、政治效果和社会效果的有机统一。加强部门间协作配合，提升全员打私绩效。

强化反走私综合治理协作。加大与地方公安在打击走私犯罪工作上的协作配合，积极探索合成作战工作新模式，打造完善"打、防、管、控"打击走私综合治理体系。落实打私办主体责任，强化与打私办成员单位的联系配合，探索构建多警种合成作战体系，形成多元共治的良好局面。

（二）服务构建新发展格局，促进高水平开放。

立足服务构建新发展格局，紧抓"一带一路"、新一轮西部大开发、西部陆海新通道、面向南亚开放重要通道建设等机遇，充分发挥海关国内国际双循环相互促进重要交汇节点作用，助推西藏形成全方位对外开放格局，推进更大范围、更宽领域、更深层次对外开放，更好利用国内国际两个市场，促进国内国际双循环顺畅联通。

10. 大力支持西藏面向南亚开放重要通道建设。

助力优化完善口岸布局。积极参与《西藏口岸"十四五"发展规划》编制工作，推动合理布局陆路口岸，支持重点发展吉隆口岸，持续提升樟木口岸货物通道功能，助力拉萨航空口岸发展，加快普兰口岸发展。指导地方政府推进里孜口岸海关监管作业场所建设、基础设施设备规范化配置，口岸公共卫生核心能力建设和口岸检疫能力建设等，做到提前介入、有序推进，确保口岸设施符合《海关监管作业场所（场地）设置规范》。主动衔接亚东、日屋—陈塘口岸有序对外开放，加快林芝海关技术性用房及附属用房建设，根据国家有关管理规定研究推动设立林芝铁路口岸、吉太边贸市场发展和开拓对缅贸易新通道事宜。

打造对外开放新高地。助力吉隆口岸国家重点开发开放试验区和国家级边境经济合作区建设。支持拉萨综合保税区高水平开放、高质量发展，推动落实《国务院关于促进综合保税区高水平开放高质量发展的若干意见》各项改革任务和政策举措，推进拉萨综合保税区业务发展，将中尼外贸业务进一步延伸至综合保税区，大力发展保税业务，促进拉萨综合保税区优势产业项目发展。支持自由贸易试验区改革试点经验在西藏的复制推广落地工作。

11. 推动外贸产业优化升级。

支持培育市场主体。推进"诚信守法便利、失信违法惩戒"海关进出口信用体系建设，推动企业信用信息交换共享，落实"主动披露"制度和容错机制，引导企业守法自律。积极落实对认证企业的各项便利措施，使企业充分享受"经认证的经营者"（AEO）制度红利；引导鼓励企业自主创新，支持西藏企业培育自主知名品牌，充分发挥海关技术和管理优势，为农畜产品及其加工业、生物医药、绿色建材、清洁能源、天然饮用水等高原特色产业、"地球第三极"品牌及优势企业提供实验室检测支持、企业培育、注册管理和信息服务，培塑民族自主品牌优势企业，帮助出口企业优化产品结构，提高产品国际竞争力。

助推高原特色优势产业和新业态发展。支持跨境贸易电子商务平台建设，推动跨境电子商务业务发展。支持外贸综合服务企业发展，为西藏外贸发展提供优质高效的物流、加工、仓储等服务。助力藏医药、茶、藏蜜、青稞等特色农产品，饮用天然水、藏毯等产业高质量发展，提升信息支持、技术帮扶力度。加强知识产权海关保护，维护各类企业合法权益。

12. 推动边境贸易发展。

加快边境贸易创新发展。支持吉隆、樟木等边境口岸发展跨境国际物流服务业。支持推动我国经由尼泊尔进入南亚市场的转口贸易发展。支持自治区特色产业发展，优化进出口商品质量和结构，不断拓宽进出口贸易种类和范围，扩大工业产品、民族手工品、农畜产品、林产品的出口规模，积极扩大经由西藏进入南亚市场的大宗货物贸易增长点。

推动边民互市贸易发展。指导亚东、吉隆、普兰边贸市场和重点边境县边民互市贸易市场（点）标准化建设。支持具备条件的边境地区开展边民互市贸易进口商品落地加工试点。在规范监管的基础上，推动边民互市贸易转型和多元化发展。加大边民互市贸易统一版的推广应用，实现关区所有涉及边民互市贸易业务现场全覆盖。

13. 促进内外贸一体化。

充分发挥海关国内国际双循环相互促进重要交汇节点作用。研究出台更有针对性、实效性的支持举措，与地方政府和企业建立联动机制，构建促进外贸稳增长工作合力。支持发展现代会展产业，支持办好"藏博会""中尼经贸洽谈会"等交流项目，助力打造具有边境特色的区域性国际展会。

助推外贸高质量发展。促进内外销产品同线同标同质，更好满足区内市场消费升级需求。落实国家支持科技创新、重大技术装备等减免税政策，支持扩大重点产业的原材料、生产设备、关键零部件进口，加强税政研究，促进相关产业发展。落实外贸新业态领域支持政策。强化贸易措施研究应用，加强对周边国家和地区相关技术性贸易措施的研究，深入开展应对措施配合协作，为企业提供政策指导。

14. 支持区域协同联动发展。

支持拉萨陆港型、空港型国家物流枢纽建设。研究推动青藏铁路拉萨西货站铁路场站、日喀则出口查验场建设，探索通过海关监管方式创新和便利化措施的集中赋能，将口岸功能后置。支持新增国际航线，支持国际包机业务发展，推动面向南亚开放的空中走廊多元化。探索建立口岸与内陆港联动的监管模式，支持用好多式联运方式，对接内地主要经济圈，推进跨境物流贸易，扩大经贸往来合作。推动"西部陆海新通道"实现提质增效，坚决贯彻党中央、国务院关于西部陆海新通道规划建设的决策部署，深化片区海关合作机制，不断加大合作力度，持续发挥协同效应，助推通道沿线贸易便利化水平显著提升。

15. 促进跨境贸易便利化。

持续优化口岸营商环境，落实海关总署优化通关流程，落实进出口环节监管证件和通关物流类单据单证电子化无纸化的各项部署要求。提高通关效率，稳固整体通关时间压缩在合理区间。配合地方主管部门统筹推进西藏口岸收费清单公示制度的落实。适时更新监管通关流程和检疫作业模式，促进"单向货通"增量增效，提升口岸效能。

（三）推进海关制度创新，持续深化海关改革。

全面落实总署深化改革重点任务，紧扣高质量发展推进海关全业务领域一体化，优化监管流程与监管资源配置。

16. 深化"放管服"改革。

深入推进简政放权。落实总署精简行政审批事项，规范关区行政许可事项管理，落实"谁审批谁负责"工作机制。持续推进"双随机、一公开"制度在全执法领域的应用。分类推进海关行政审批改革，创新审批方式，持续深化"证照分离""多证合一"等改革。大力推动优化便民服务，进一步精简审批材料。

深入推进服务事项改革。加强"互联网+海关"建设，持续优化网上服务事项办理流程，实现海关办事服务一号申请、一窗受理、一网通办。推广国际贸易"单一窗口"标准版、海关行政审批网上办理平台应用，持续优化海关12360热线服务。

17. 深化全国通关一体化改革。

推进海关业务改革纵深化发展。落实总署业务改革工作任务，由通关环节和流程的全国通关一体化拓展到海关全业务领域一体化。以"五项创新"为指引，提高"两步申报"应用比例，深入推广"两段准入"信息化监管，为企业提供多元化的通关服务。创新检验检疫方法，在风险可控的前提下实现西藏口岸农副产品绿色通道快速通关。优化完善"业务改革问题收集反馈"工作机制，坚持"问题清零"制度。

夯实业务运行全链条实时监控和有效监控基础。强化业务运行实时监控与风险预警提示，不断提升风险预警处置和审计监督平台使用绩效，加大对本领域本部门进出境业务的监控分析力度，发挥好基层自控、职能监控和专门监督的作用，统筹风险整体防控和业务运行管控。

深化属地查检业务改革。稳步落实推进属地查检业务改革，加强涉及属地查检部门间的协调配合，优化作业流程，形成监管合力；运用好"属地查检业务管理系统"，统一规范外勤执法；科学分析业务运行数据，合理设定抽检比例及布控指令，做到应查必查、应检必检；配置相对稳定查检人员，加强业务培训，升级执法装备，提升属地查检作业水平和业务能力。

18. 深化事中事后业务改革。

完善海关信用管理制度体系。全面深化落实海关企业信用管理制度改革，全力开展外贸企业培育工作，同步开展失信企业联合惩戒，将信用管理嵌入海关监管全过程，强化结果应用，优化系统建设，构建以信用管理为基础的新型海关监管机制。优化海关核查管理制度，落实第三方检验结果采信制度，完善第三方协助核查工作机制，推行守法企业自查结果认可制度。

扎实开展稽核查工作。推行"互联网+稽核查"，对在事中事后监管过程中形成抽查抽检和有关监督投诉举报数据，充分运用大数据等技术，加强风险跟踪预警，进一步提升监管精准化和智能化水平。统筹开展涉税、涉检领域稽查，加强对检验检疫违法违规问题的贸易调查和风险研判，开展检验检疫领域专项稽查。

19. 充分发挥统计分析作用。

提高政策研究能力。立足关区实际和业务发展需要，结合西藏自治区特色和区位特点，有针对性地开展课题研究，打造具有各单位部门亮点的理论研究品牌。探索建设关区政策建议储备库，加强与外部智库合作。加强数据质量审核，做到统计基础数据完整准确，提升海关数据服务能力和水平，确保数据安全，严格落实数据安全分类分级管理，规范提供数据。

创新统计分析工作方式。发挥海关统计监测预警服务作用，采用贸易统计和业务统计相结合的方式开展分析研究工作，评价海关各项业务改革进展和内部管理情况，为内部管理提供依据。以对尼泊尔贸易为研究重点，密切跟踪劳动密集型、初级产品等商品进口，机电产品、百货等日用商品出口，加强对自治区外贸发展的监测预警和分析研判，为西藏自治区人民政府及相关部门提供及时、准确的统计分析服务。

20. 深化关区财务管理改革。

持续提升财务管理水平。结合关区实际对涉案财物管理、采购管理、财物报销审批等财务制度进行修订完善。加强智慧财务建设，通过"科技+机制"手段，强化风险提示，加强风险防控，全面强化财务职能监督，提升海关财务管理信息化、智能化水平。持续推动关区闲置或老旧房产的处置利用工作。加强海关装备设备管理，用好海关固定资产资源，优化资产配置，提高海关资产使用效益。

加强预算管理。进一步强化"一个单位、一本预算"管理，全面统筹财政拨款、地方财政保障、事业单位收入等各类资金统一纳入预算管理，加大对事业单位及所属企业监督力度，适时推动拉萨海关预算绩效管理办法出台，强化绩效工作考核，提升绩效管理质量。落实"过紧日子"要求，从严控制"三公"经费，压减一般性支出，盘活存量资金资产，推进节能工作创新发展。

提升财务保障水平。优化应急物资储备结构和空间布局，结合存量、配置标准、绩效目标和财政承受能力做好装备、设备配备。多渠道反映边关艰苦情况，争取海关总署支持，持续推动关区"生命工程"与"边关生活设施保障能力提升工程"建设。

（四）坚持全面依法行政，推进法治海关建设。

深入学习贯彻习近平法治思想，强化法治意识，弘扬法治精神，坚持依法行政，加强依法把关，维护海关执法公信力，努力营造更加规范有序、公平高效的执法环境，为推动关区事业高质量发展提供有力法治保障。

21. 统筹规范性文件"立改废释"工作。

对关区规范性文件体系进行全面梳理，检查评估现行规范性文件的执行效果，对与上位法抵触、不适应机构改革要求、内容过时、与海关规章存在交叉等的规范性文件，及时提出"立改废释"的意见和建议。围绕业务改革，聚焦重点领域和关键环节，进一步明确纳入规范性文件合法性审查的标准和范围，探索建立审查通报机制，严格落实规范性文件审查备案要求，加强规范性文件合法性审查，确保关区各项业务制度和规范性文件合法有效，切实提高规范性文件质量。立足实际加强制度创新，及时将成熟的业务改革经验和举措固化为制度规范。

22. 严格规范公正文明执法。

全面落实权责清单制度。严格落实《海关权力和责任清单管理办法》，强化《拉萨海关权责清单》动态管理，厘清职责边界，强化履行法定职责，开展管理盲区和业务结合部问题集中排查整治，并建立长效机制。推进两级海关事权规范化、法治化。

严格落实海关行政执法裁量基准制度。细化、量化行政裁量范围、种类、幅度，统一执法适用标准，规范行使行政执法自由裁量权。加强权力制约和监督，完善内外部各监督渠道发现问题的综合研判和统筹处置机制，坚持和完善执法办案说情记录制度，加强基层自控、职能监控和专门监督"三道防线"建设。

持续提升执法水平。加快行政执法"三项制度"在关区全面落地。全面实施执法人员持证上岗和资格管理制度，建立关区行政执法人员数据库，提升行政复议办案能力，提高主动纠正违法或不当执法行为能力。深入推动落实行政执法案例指导制度，开展法制讲座、以案说法、模拟法庭等活动。严格推动落实海关行业标准，提升海关行业标准对规范海关执法的指导促进作用。在关区建立执法风险提示长效机制，深入查找行政执法的薄弱环节和共性问题。

23. 强化法治保障作用。

加强法治队伍建设。完善关区法律顾问和公职律师制度，发挥公职律师在推进依法行政中的积极作用。加强法治人才培养和梯队建设，加大分层级分岗位多方式的培训轮训力度，充实拉萨海关法律人才库。规范基层海关执法行为，推动各级领导干部和行政执法人员培树法治思维、规范执法行为，从源头上减少行政争议发生。

完善立法机制和程序。做好关区重大立法项目的建议和调研工作，提高立法计划执行率，完善立法机制和程序，深入开展立法后评估。

完善行政复议、行政诉讼工作机制。加强行政复议规范化、专业化建设，通过依法公开行政复议决定书、案件通报、制发复议意见书与复议建议书等形式，增强行政复议的专业性、透明度。加强行政应诉工作，严格落实"谁涉诉、谁应诉、谁负责"，进一步强化各类涉诉主体在行政应诉中的职责。加强与人民法院、仲裁机构、人民调解组织的沟通对接，持续深化与拉萨市中级人民法院协作机制。

24. 营造良好法治环境。

提升法治建设意识和能力。落实党委理论中心组集体学法和领导干部任前考法制度，落实关于党政主要负责人履行推进法治建设第一责任人职责情况列入年终述职内容的工作，强化主要负责人履行推进法治建设第一责任人职责，按规定落实述法制度，推动领导干部做学法尊法守法用法的模范。广泛搭建关区学法用法平台，不断拓展学法用法的渠道和空间，提高领导干部运用法治思维和法治方式开展工作的能力。收集关区行政相对人关切的热点法律问题，充分听取各方意见建议，梳理出具有拉萨关区特色的"菜单式"普法服务，引导和支持行政相对人树立合规意识，依法表达诉求和维护权益。

落实"谁执法，谁普法"责任制。制订出台关区"八五"普法工作实施方案，坚持法治宣传教育与法治实践相结合，通过拉萨海关门户网站、12360服务热线等提供法律服务，发挥传统媒体和新媒体的普法宣传作用，强化监管一线普法效果，不断提高海关普法的社会影响力。在关区认真开展好年度"8·8"海关法治宣传日、"12·4"国家宪法日暨宪法宣传周、"美好生活·民法典相伴"等宣传活动。

推进海关法治文化建设。大力开展机关法治文化创建活动，创建海关法治宣传教育基地、法治文化宣传场所等海关法治文化阵地。推动海关法治文化与地方、行业特色文化有机融合，促进法治文化进机关、进农村、进社区、进企业、进学校、进军营、进网络等。加强法治文化专业队伍建设，完善普法讲师团服务管理，发展壮大法治文化理论研究力量，完善法治文化建设人才培养使用评价激励机制。

（五）提升科技创新应用，推进智慧海关建设。

紧扣全面建设智慧海关，夯实海关科技创新基础，重点推进海关科技业务一体化，统筹配置科技资源，优化实验室布局，提高实验室检测能力，充分发挥科技引领支撑作用。

25. 加强海关信息支撑能力保障。

夯实信息化基础建设。全面推广应用H2018新一代通关管理系统，加快各类信息系统优化整合，强化智能审图、智能卡口等技术应用，推进单兵查验系统和设备升级，提升智能监管水平。推广政务办公、党建队伍、财务管理、廉政监督等信息化应用，实现统一规范的智慧管理。优化海关查检作业，实现海关监管更加智能、精准、高效。

持续升级网络安全防护体系。以"零风险、零泄漏"为目标构建"零信任"网络安全技术体系，全面提升网络安全感知、监测、防护、响应和恢复能力。深入落实网络安全等级保护、业务数据安全保护等要求，推广海关数字化身份安全、数据安全、应用安全、终端安全等项目应用，全面提升纵深防御、主动防御能力。加强信息系统准入准出管理，在严格执行海关信息化质量安全保障与评价体系下，推动实现海关数字化、智能化运维。加快国产软硬件推广应用，积极推进基础设施云项目，为推进新一代智慧海关平台建设夯实基础。

深化大数据应用。积极参与总署知识计算新引擎构筑，提出具有西藏特色、拉萨关区特点的重点应用需求，优化特色商品、违禁品算法，提升智能审图系统准确率，打通从数据到知识再到智慧的能力提升通道。持续推进"云擎"等海关通用型大数据分析平台应用，建立西藏特色外贸数据模型，形成海关业务与大数据深度融合的智能应用生态。

26. 加强实验室整体规划和协同建设。

优化整合实验室布局。根据海关监管业务、地方经济发展布局和产业发展实际需要，强化和发挥国家检测重点实验室在专业领域的引领作用和常规实验室的基础作用。对规划实验室进行动态调整和优化。推动聂拉木海关、普兰海关等隶属海关生物安全二级实验室建设。

提升实验室管理水平。提高海关实验室信息化管理水平。落实实验室管理办法及绩效考核机制，加强完善实验室安全管理机制，加强实验室试剂、样本管理，建立应急处置预案，实现对实验室安全的全方位管控。完善实验室技术体系，提升总关实验室综合技术实力，解决关区技术难题，满足关区法检技术需要。加大实验室对外交流合作、开展科研项目研究方面的支持力度，提升实验室人才队伍建设水平。

27. 加强口岸智能监管装备的应用。

推进口岸智能监管。配备口岸智能化旅检通道，实现出入境人员信息、检疫监管信息的联通和同步实现对出入境人员的精准检疫和智能化监管。

推进口岸监管场所智慧监管。有序推动构建口岸监管装备平台，通过对进出境人员、货物与交通工具的监管设备的互联互通，实现口岸监管装备的联网集成、数据共享和综合应用，实现口岸监管场所的智慧监管。

建设智慧物流平台。依托拉萨综合保税区建设，适时搭建关区智慧物流平台。将关区有实际进出口业务的业务现场接入智能卡口平台，实现关区智能卡口数据统一、接口统一、管理统一。

28. 试点推进海关"三智"建设。

加强系统集成，夯实"智慧海关"基础。在关区统筹推进智慧监管作业平台的集成化建设，推动信息化手段及大数据应用，构建智能化物流监控作业体系，实行监管设备联网应用，推进查检业务智能化管理，深度实现数据共享与互换、业务运行监控和安全风险联合防控，逐步构建"智慧监管"体系，夯实"智慧海关"基础。

提升治理水平，推进"智能边境"建设。按照海关总署工作要求，结合关区实际，逐步完善协作机制，创新边境治理理念，将智能化合作拓展至跨界、跨境的其他边境管理部门，配备智能软硬件设施，通过信息共享、数据互换、执法互助以及风险联防联控，打造边境治理新格局。在自身智能化监管发展到一定程度后，针对尼方等部分边远地区口岸建设薄弱的现状，积极争取海关总署在"智慧海关"建设和相关领域智能化管理上的援助，加强对尼泊尔口岸基础设施援建力度，对等提升口岸过货能力，打通口岸物流瓶颈，实现边境双边口岸的信息数据互联互通，务实推进"智能边境"建设。

深化规则对接，搭建"智享联通"机制。在现有合作框架下，不断完善与尼泊尔海关在安全领域、信息数据、边境通关等执法合作机制建设，加强政策、规则、标准的联通。推进双边海关证书、原产地证书国际联网核查和互认，减少企业交易成本与时间成本，提升货物通关效率。探索推动共享信息平台建设，推行双边共认一体化通关机制，探索"一地两检"模式。

（六）推动国际经贸合作，构建海关外事格局。

以"三智"建设和国际合作为抓手，在与毗邻国家海关、检验检疫等部门开展良好合作的基础上，全方位推动海关国际合作，助力提升跨境贸易便利化水平，不断开创拉萨海关外事工作新格局。

29. 深化海关涉外合作关系。

深入落实《中华人民共和国和尼泊尔联合声明》涉及拉萨海关工作内容，按照《边境海关合作管理办法》，进一步加强中尼两国边境海关合作交流，不断增强中尼边境海关互访、会晤机制的实效性。积极向海关总署建议，由海关总署牵头与尼泊尔相关部委建立定期中尼海关交流会晤机制，拓宽中尼边境海关会晤的参与单位和议题内容，将尼方参与部门扩至对应的尼泊尔口岸农产品、食品、卫生检疫等主管部门，进一步推进与尼泊尔海关间的信息共享等交流与合作。参与和协助实施对尼泊尔海关进行 AEO 认证体系建设的行政援助及培训工作。积极向海关总署争取在语言学习、赴外业务交流、参加国际会议等方面获得更多支持，注重国际合作人才的发掘、培养和使用。

（七）深化全面从严治党，锻造坚强纪律部队。

持续加强政治机关建设，深化全面从严治党，按照"政治坚定、业务精通、令行禁止、担当奉献"的要求，锻造一支让党中央放心、让人民群众满意的准军事化纪律部队。

30. 加强党的建设。

深化政治机关建设。坚持"第一议

题"学习制度，把专题学习习近平新时代中国特色社会主义思想、习近平总书记重要讲话重要指示批示精神作为首要政治任务，深入学习中央第七次西藏座谈会精神和新时代党的治藏方略，切实在学懂弄通做实上下功夫，确保习近平总书记重要指示批示精神和党中央重大决策部署落实到位。深化政治机关意识教育，引导党员干部增强"四个意识"、坚定"四个自信"、做到"两个维护"，胸怀"两个大局"，心系"国之大者"，铸牢中华民族共同体意识，深入开展党史学习教育和专题教育，做到学史明理、学史增信、学史崇德、学史力行，不断提高政治判断力、政治领悟力、政治执行力。加强党员干部政治能力训练和政治实践历练，聚焦强化政治意识、提高政治能力开展学习交流，准确把握海关工作政治要求。深入实施青年干部理论学习提升工程，开展优秀理论学习成果展示，打造拉萨海关特色学习品牌。

推进党建工作高质量发展。巩固拓展"强基提质工程"成果，深化"四强"支部建设，全面推进党支部标准化规范化建设，提升党建工作质量，实现"后进赶先进、中间争先进、先进更前进"。实施"书记项目"，开展经常性政治体检，用好批评和自我批评武器，围绕破解"两张皮"问题，推进党建和业务深度融合，探索建立党建业务一体推进、联动考核的制度机制。充分发挥团组织的助手作用、后备军作用和桥梁纽带作用，培养高素质的团干部队伍，开展符合青年特点的活动，促进青年干部文化素质和业务技能双提升。组织好支部委员（党务干部）培训，以党的理论知识、党务工作开展方法等为主要内容，不断提高支部委员从事党的建设的能力和水平。深化理想信念教育，加强和改进思想政治工作，通过基层调研、问卷调查、谈心谈话等多种方式定期开展干部队伍思想动态分析。发挥"世界屋脊上的国门守护者""云端国门""梨树下的党支部""五彩哈达"等现有全国海关示范（培育）品牌示范效应，推动基层党组织全面进步、全面过硬，力争5年内有新的提升。

加强离退休干部服务管理工作。用心用情做好离退休干部服务保障工作，统筹协调解决工作中遇到的问题，以规范化信息化标准化建设为抓手，完善各项规章制度。探索建立离退休干部情况动态分析制度，对老同志身体状况、家庭状况、特长爱好等情况做到及时掌握、精准施策，切实增强服务的针对性和有效性。探索建立离退休干部困难帮扶机制，深入调查研究，关心照顾好有特殊困难的老同志。

31. 加强领导班子建设。

健全关区优秀干部，尤其2021年轻干部的培育机制。有针对性地加强干部教育培训和实践锻炼，重点提高干部的思想政治素质、工作作风、道德品行和工作能力，加强优秀干部培养和选拔。深化教育培训改革，根据关区实际创新教育培训的内容和手段，找准定位、突出需求、科学设置课程，增强培训的针对性和实用性，调动干部参与教育培训的积极性。注重在实践锻炼中培育干部的创新意识、创新能力及解决复杂问题的能力，切实提高教育培训的质量和效益。通过青年党校、"五五"学习节、青年理论学习小组、艰苦一线锻炼等方式，增强干部队伍的"八项本领"，提高干部队伍的"七种能力"，完善关区干部梯队建设，促使关区优秀干部脱颖而出。优化关区人力资源配置，大力发现储备年轻干部，加强干部梯队建设。创新干部使用机制，坚持在改革发展主战场、海关业务主阵地、疫情防控第一线、服务群众最前沿培养锻炼干部，有计划地选派优秀年轻干部到艰苦一线或重点岗位任职。

选优配强关区领导干部队伍。按照《中国共产党组织工作条例》和选人用人要求，根据新修订的《公务员法》《党政领导干部选拔任用工作条例》及《公务员职务与职级并行规定》，坚持德才兼备、以德为先的选人用人原则，注重人岗相适、人事相宜，坚持从工作需要出发，继续坚持正确选人用人思路，加大选拔任用和职级晋升工作力度，提高关区干部职务职级职数使用率。

32. 加强人才队伍建设。

实施"人才强关"战略。统筹推进综合管理、行政执法和专业技术人才三支队伍建设，打破岗位间"专业壁垒"，加强"通才"培养，强化转岗培训、执法资质培训和分级业务培训，提升人才综合素质和专业素养。坚持引进急需人才，保持数量充足、结构合理，通过公务员考录、地方遴选、事业单位招聘、军转安置等方式引进专业岗位人员，解决关区专家型人才紧张问题。加强执法一线科长队伍建设，培养管理经验丰富、业务能力突出的复合型执法人才。发挥援藏机制作用，运用互派锻炼、挂职交流等平台培养锻炼干部，提升履职能力，拓宽成长路径。

推动落实海关专家制度。积极推进实施专家制度，从各业务领域公务员、事业单位专业技术人员中培养选拔一批高素质高水平专家人才，"十四五"期间培养海关评定专家型人才1名以上。建立健全专家管理和使用机制，有效发挥专家在政策研究、检测鉴定、技术培训等方面的支撑作用。

完善考核激励制度。深化平时考核、优化年度考核、强化专项考核，按照岗位特点、专业特色和工作性质改进考核评价指标体系。强化考核评价结果运用和正向激励，形成能者上、庸者下、优者奖、劣者汰的正确导向，不断促进各级领导干部干事创业、担当作为。到2025年，形成较为成熟的政绩考核评价指标体系，有关指标设置具备针对性、科学性和时效性。综合运用职称评审、岗位聘任、职级晋升、荣誉激励等手段，持续优化人才发展环境和成长路径。

33. 加强干部教育培训。

全面深入开展习近平新时代中国特色

社会主义思想教育培训。系统学习习近平新时代中国特色社会主义思想，学习贯彻习近平总书记关于海关工作的重要指示批示精神，健全习近平新时代中国特色社会主义思想学习教育长效机制。定期举办处级干部读书班和青年党校。

落实分类分级培训对象体系。完成总署规定的分类分级培训任务，每年组织落实好党政主要负责人、不同类别层级公务员、事业单位工作人员、专业技术人才、中青年干部、艰苦边关和基层干部参加专题培训，精准施训。开展公务员初任培训、晋衔培训、任职培训，每年安排不少于1/5的执法一线科长和基层党支部书记参加培训。

统筹用好教育培训资源。充分发挥海关党校、海关院校、自治区党校、讲师团主渠道主阵地作用和教育培训协作区、培训基地协同作用，以赴外培训、送教上门、高原"e课堂"及跟班学习等教育培训方式，充实、拓展教育培训工作。加强师资、课程建设，大力发展、储备兼职教师及精品课程，切实加强关区"二次培训"和成果转化应用，推动各级领导干部和业务骨干上讲台，各隶属海关立足岗位培养"小教员""小教官"，做到以讲促学、以讲带学。

完成年度学时学分培训任务。努力化解西藏教育培训资源欠缺、教育培训资源统筹管理能力不足的困境，积极探索引进第三方教育培训机构，着力发掘本地教育培训资源，推动优质资源开发利用，根据年度总署教育培训计划及方案，及时高效制订关区教育培训计划安排，实现从计划方案到组织实施再到考核评估及跟踪回访的全流程一整套教育培训综合管理职能，创造性建立提升教育培训工作水平的长效机制。

34. 加强党风廉政建设。

坚持严的主基调抓常态化工作。以责任清单为抓手，开展主体责任检查考核，完善指标体系，强化结果运用。围绕打私反腐"一案双查"开展检查，深化"制度+科技"运用评估，集中分析海关执法领域面临的新风险新形势，锲而不舍落实中央八项规定精神，持续纠治形式主义、官僚主义，健全基层减负常态化机制，以联合检查为切入口，实现为基层松绑减负和全面体检双目标，巩固深化警示教育月活动，坚持从整治"节日腐败"入手加强监督提醒。严格执行公务接待、公务用车、公务出访、办公用房、周转房等管理规定。

持续推进督察项目清单式管理。以督察"四个清单"为核心，推进督察项目清单式管理，提升督察实效，强化整改责任落实，督察发现问题列出清单、明确责任、限定时间、挂账整改，灵活采取视频督察、随机督察、在线督察、联合督察、现场检查等方式，着力拓展督察广度和深度，积极发挥监督作用，切实提升督察项目质量。

持续完善执法评估体系。推行执法评估项目清单管理，围绕海关重点领域和关键环节改革开展专题评估。优化执法评估"数据+指标+分析+调研"工作模式，推进执法评估专题指标体系建设，注重发挥调研实效，加强评估结果应用。完善评估督促落实的闭环链条，提升评估效能，开展政策研究，客观、量化评估海关政策措施落实成效。

落实巡视巡察成果转化。推进形成各方监督合力，按照"四个融入"要求，深入推进巡视巡察成果转化，以制度保障工作推动和落实，靠制度有效堵塞漏洞和抵御风险，着力在标本兼治上下功夫，不断巩固深化整改成效。

强化审计监督职能。聚焦重大决策部署、重大改革举措落实情况等开展督察、经济责任审计。持续推进审计问题整改回头看工作，强化内部审计监督，加大整改督促检查力度。积极参与海关总署专题评估工作，构建专题评估指标，加强指标构建的合理性；做好专题评估调研问题设计，规范关区专题执法评估工作模式；加大执法评估"云擎"站点应用。

持续强化监督执纪问责。紧紧围绕"两个维护"，强化政治监督，紧盯"四风"问题，做实日常监督，发挥"抵近侦察"优势和"探头"作用，强化派驻监督。以"零容忍"态度坚决惩治腐败，贯通运用监督执纪"四种形态"，保障审查安全，严格开展执纪。在查办违纪违法案件的同时，同步开展责任分析和责任追究，对履行主体责任、监督责任不到位，造成严重后果的，精准实施问责。加强与地方纪委监委联系配合，推动纪律监督、监察监督、派驻监督、巡视巡察监督和审计监督有效衔接，一体推进不敢腐、不能腐、不想腐，持续深入推进清廉海关建设。

深化内控机制建设。加强对高风险岗位的权利运行制约，推动关区内控前置审核工作，强化实施重大改革、制定重要政策及科技立项前的内控前置审核。全面推广内控节点岗位清单制管理，进一步优化完善内控节点岗位落实清单，压实岗位内控主体责任，持续推进内控评价，"以评促建"推动风险日常防控。加强"海关内部控制与监督子系统"平台深度应用，结合业务改革进程，加强平台专项监督，努力实现平台应用绩效转化。创新平台推广应用手段，统筹内部风险的大数据预警、监控、监督和处置渠道，推动各级内控主体主动落实风险防控责任，积极运用平台查找风险隐患，防范化解重大风险。持续加强基层自控、职能监控和专门监督。

（八）打造更具竞争力的拉萨海关。

加强政治建设，深化制度建设，打造特色文化，努力让干部职工的获得感成色更足、幸福感更可持续、安全感更有保障，充分激发关区全体干部职工干事创业的热情。

35. 加强政治建设。

坚持将政治建关作为首要原则，时刻

紧跟习近平总书记号令，增强"四个意识"、坚定"四个自信"、做到"两个维护"，铸就听党指挥、忠诚干净担当的"关魂"。深刻把握海关工作政治要求，实现良好政治效果，增强政治敏锐性和鉴别力，把讲政治的要求贯穿到海关工作的全领域、各方面，善于从政治上看问题、抓工作，确保政治方向正确、政治效果良好，确保始终走在"第一方阵"前列。筑牢口岸检疫防线，发挥海关政治保卫职能，在维护西藏社会大局稳定、推动高质量发展、加强青藏高原生态文明建设、加快边境地区建设中进一步发挥好海关作用。

36. 优化监管体制。

持续深化关区各领域制度创新，加快形成改革创新先行优势和集成优势，一体推进强化监管优化服务，打好服务高水平开放、高质量发展"组合拳"，全面提升治理能力，真正做到"管得住、放得开、效率高、成本低"。完善与改革相适应的组织管理体系，以条块结合和专业化原则理顺职能管理，优化人、物、事、职、权相适宜的监管资源配置。完善改革保障机制，加强对改革项目的统筹规划和梯次实施，注重改革与配套制度、改革与人力、改革与科技的协同推进、合力发挥，用好改革问题收集反馈信息化管理系统，健全问题综合处置和高效解决机制，开展改革成效督查。结合关区业务实际，有序推进全业务领域通关一体化改革。

37. 打造特色文化。

发扬"老西藏精神"，缺氧不缺精神、艰苦不怕吃苦、海拔高境界更高，挖掘身边感人故事，推动拉萨海关文化内涵有血有肉，深入人心。坚持塑造品牌，突出独特性和前瞻性，总结关区近年来各条线、各隶属海关特色业务、亮点工作和实际案例，提炼具有代表性的工作经验，以"选得准、立得住、能复制、可推广"为标准，深度培育先进典型。加强党团支部、志愿服务队、青年文明号等品牌建设，继续保持创建全国文明单位，开发更有高原海关特色的文创产品，充实和提升特色品牌。对接区委组织、宣传、党校等部门，更专业更精准地挖掘拉萨海关文化的内涵和外延。创新方式方法，丰富宣传载体，更高水平、更大范围宣传拉萨海关文化，讲好拉萨海关故事，力争将拉萨海关特色品牌打造成海关系统一张闪亮的名片。

38. 聚力民生工程。

持续开展民生实事项目，充分落实好总署支持艰苦边关相关措施，围绕干部职工最急、最忧、最盼解决的民生问题，每年解决一批民生实事项目，不断提升关区干部职工获得感、幸福感、安全感。关心关爱职工健康，做好干部职工年度健康体检，加大困难党员干部职工慰问关心力度，用好大病互助医疗、慢性病医疗等措施，切实提升干部职工幸福指数。落实工资福利政策，做好干部职工养老、工伤保险等保障工作。稳步推进后勤改革，降低服务成本，推进后勤管理信息化建设。开展节约型机关创建，推动关区能源资源节约工作向纵深发展。

六、实施保障

在拉萨海关党委领导下，激发广大干部职工的积极性、主动性、创造性，群策群力，有序推进，形成强大合力，保障实施方案有效落实。

（一）加强组织领导。

严格落实民主集中制，认真执行党委工作规则、议事规则和决策程序，确保政令畅通、步调一致，建立健全责任明确、各司其职、各负其责的高效工作机制，按照各单位各部门职责，细化推进措施，细化发展目标，落实落细各项工作任务。加大专题宣传力度，描绘"十四五"时期海关发展蓝图，提升士气、振奋精神，汇聚关区广大干部职工的智慧和力量，为抓好规划实施，推动落地见效，营造良好工作氛围和环境。

（二）统筹协调推进。

加强综合保障，推动内外协同，以实施方案统领全面深化改革、有效履行职责等各方面工作。加强内部衔接，形成互相兼容、互相配合、互相支撑的工作体系。加强外部联系，争取地方政府和相关部门的大力支持。深化政务公开，发挥社会组织作用，畅通公众参与渠道，提升人民群众满意度。

（三）提升管理效能。

加强组织人事管理，培养和引进相关人才，为关区事业发展提供智力支持和人才保障。加强项目管理，做好科研工作，推动重大项目早日落地。加强财务管理，积极争取专项资金支持，保障"十四五"时期海关重点建设项目早日建成。科学编制预算，提高资金使用效益。

（四）强化督导落实。

将各项工作列入年度重大专项督查，纳入年度绩效考核体系，加强跟踪问效。开展中期评估和总结评估，探索建立跟踪评价工作机制，发现问题及时解决，推动实施方案全面落实。将实施方案贯彻落实情况纳入常规巡察，以强有力的政治监督保障方案顺利实施。

海关总署 西藏自治区人民政府合作备忘录

为深入贯彻习近平总书记重要指示批示精神，落实中央第七次西藏工作座谈会相关部署和新时代党的治藏方略，依托区位优势进一步推进西藏面向南亚开放重要通道建设，全面提升西藏对外开放水平，推动新时代西藏长治久安和高质量发展，努力建设团结富裕文明和谐美丽的社会主义现代化新西藏，推动建设新时代中国特色社会主义新海关，海关总署和西藏自治区人民政府经充分协商，决定进一步深化合作，签署本合作备忘录。

一、海关总署支持西藏自治区的重点工作

（一）支持优化口岸营商环境。

1. 深化"放管服"改革。

深化"双随机、一公开"监管；配合地方主管部门统筹推进西藏口岸收费清单公示制度的落实，持续做好清理规范口岸涉企收费，降低进出口环节合规成本；全面推进监管证件联网核查和报关单申报作业全程无纸化；研究口岸联检部门信息资源共享、执法互助事宜，进一步提高口岸通关作业效率，巩固压缩货物通关时间成效。

2. 深化"互联网+海关"建设。

落实《海关总署推进"互联网+海关"建设工作方案》，全面优化网上服务事项办理流程，实现海关办事服务一号申请、一窗受理、一网通办。加快"智慧海关"建设，不断完善国际贸易"单一窗口"标准版、智能审图、集中审像等系统推广应用，持续优化海关12360热线服务。

3. 推动海关改革成果惠及西藏。

深入推进通关一体化改革和"两步申报""两轮驱动""两段准入""两类通关""两区优化"海关业务改革，着力构建高效便捷的申报制度，为企业提供多元化的通关服务，缓解口岸通关压力、优化资源调配。创新检验检疫方法，优化检验检疫作业，进一步缩短检验检疫周期，在风险可控的前提下实现西藏口岸农副产品绿色通道快速通关。

4. 创造良好税收征管环境。

引导企业主动参与税收征管改革，用

足用好自贸协定关税减让及各项进口税收优惠政策，助推西藏民航交通事业、科教科研、医学等事业发展。持续推进属地纳税人管理，为纳税企业提供个性化、多样化的合规管理和纳税服务。深入开展税政研究，积极推动调研成果转化，为西藏外向型经济工作发展提供支持。

5. 提供海关"数据+研究"辅助决策优质服务。

发挥海关统计监测预警服务作用，加强对外贸发展的监测预警和分析研判，为西藏自治区人民政府及相关部门提供及时、准确的统计分析服务。聚焦国家重大战略部署，结合西藏经济社会发展特点，围绕外贸发展积极开展合作研究。

（二）支持对外开放平台体系建设。

6. 统筹优化西藏口岸开放格局。

大力支持西藏面向南亚开放重要通道建设，助推西藏形成全方位对外开放格局。主动参与指导《西藏口岸"十四五"发展规划》编制。提升樟木口岸货物通道功能，助力吉隆口岸重点开放试验区建设，推进拉萨航空口岸发展、增开新国际航线，加快普兰口岸发展，支持陈塘、日屋口岸在具备条件时有序对外开放，积极研究推进亚东口岸对外开放，推动完善里孜口岸查验基础设施建设，加快林芝海关技术性用房及附属用房建设，研究推动青藏铁路拉萨西货站铁路场站建设，根据国家有关管理规定研究推动林芝吉太边贸市场发展和开拓对缅贸易新通道事宜。

7. 支持西藏各类开放平台建设发展。

支持拉萨综合保税区高水平开放、高质量发展，支持西藏落实好《国务院关于促进综合保税区高水平开放高质量发展的若干意见》各项改革任务和政策举措，促进拉萨综合保税区培育综合竞争新优势，加快创新升级，提升发展质量。支持加快吉隆边境经济合作区、中尼友谊工业园区建设，支持中尼跨境经济合作区建设，支持拉萨航空口岸和吉隆口岸开展进口商品指定监管场地建设。支持自由贸易试验区改革试点经验在西藏的复制推广落地工作。

8. 持续深化国内外海关合作。

坚决贯彻党中央、国务院关于西部陆海新通道规划建设的决策部署，不断加大合作力度，持续发挥协同效应，形成区域海关共同支持西部陆海新通道建设的强大合力，助推通道沿线贸易便利化水平显著提升，推动"西部陆海新通道"实现提质增效。深化落实《中华人民共和国和尼泊尔联合声明》的要求，不断增强中尼边境海关互访、会晤机制的实效性。加强对周边国家和地区相关技术性贸易措施的研究，深入开展应对措施配合协作，为企业提供政策指导。争取地方相关主管部门支持推动与尼方建立贸易伙伴国家质量安全信息通报和打击假冒伪劣合作机制。

（三）服务外贸高质量发展。

9. 支持扩大农副产品进口准入。

全力做好进口尼泊尔中药材政策指导

和技术支持；按程序启动并积极推进尼泊尔活动物、蔬菜、饲草料等产品输华准入工作；支持西藏涉农市场主体在境外投资建设生产加工基地。

10. 支持培育市场主体。

推进"诚信守法便利、失信违法惩戒"的海关进出口信用体系建设，推动企业信用信息交换共享，落实"主动披露"制度和容错机制，引导企业守法自律。积极落实对认证企业的各项便利措施，使企业充分享受AEO制度红利。引导鼓励企业自主创新，支持西藏企业培育自主知名品牌，鼓励企业将自主知识产权向海关备案，维护企业合法权益，提升西藏企业市场主体效能。

11. 助推高原特色优势产业和新业态发展。

支持西藏发展边境贸易，给予通关便利化措施，支持具备条件的边境地区开展边民互市进口商品落地加工试点，支持国家级拉萨经开区打造对外开放平台，成为外资外贸高地、物流集聚中心。充分发挥海关技术和管理优势，为农畜产品及其加工业、生物医药、绿色建材、清洁能源、天然饮用水等高原特色产业、"地球第三极"品牌及优势企业提供实验室检测支持、企业培育、注册管理和信息服务，培塑民族自主品牌优势企业，帮助出口企业优化产品结构，提高产品国际竞争力。积极推动西藏跨境电子商务，支持外贸综合服务企业发展，为西藏外贸发展提供优质高效的物流、加工、仓储等服务。提前介入并协助推进吉隆至加德满都跨境铁路项目可行性研究工作，探索建立口岸与内陆港联动的监管模式，支持用好多式联运方式，对接内地主要经济圈，推进跨境物流贸易，扩大经贸往来，推动"通道经济"向"价值链经济"转变。

（四）落实总体国家安全观。

12. 筑牢口岸检验检疫防线。

加强口岸公共卫生核心能力建设，落实口岸卫生检疫、监测、监督职责，推动口岸海关逐步具备全项目开展卫生安全快速筛查能力。完善口岸公共卫生事件多部门应急联动合作机制，加强外来有害生物监测和境外疫情信息收集分析研判。健全进出口食品安全监管制度，坚决落实"四个最严"要求。帮扶西藏进出口检验检测机构取得许可资质，推进第三方检验结果采信，监测进出口商品质量安全风险，加强重点敏感商品检验监管。

13. 加强国门安全风险防控。

建立健全省级口岸安全风险联合防控机制，支持拉萨海关与自治区政府相关部门联合签署口岸安全风险联合防控工作方案，加强口岸风险信息交流共享，联合开展风险研判和处置，形成口岸风险协同防控工作合力。加强对进出口货物以及跨境电商、行邮、快件等非贸领域的安全准入、税收等风险联合防控，精准、高效处置口岸安全风险，更好维护国家主权、安全和发展利益。

14. 维护国家安全和西藏稳定。

全面履行政治保卫和文化把关职责，充分发挥海关监管等职能作用，全力查堵反动宣传品、毒品及易制毒化学品、武器弹药、文物、濒危动植物及其制品等违禁品进出境，坚决将危害国家安全、社会稳定和人民健康的物品拒于国门之外，在反恐怖、反分裂、反渗透和边境防控等领域发挥应有作用。加强涉及生物安全的查处力度，禁止西藏生物物种资源、人类遗传资源未经许可出境，维护国家生物安全。面向西藏大学生、"三支一扶"人员招聘海关工作人员，积极支持和参与西藏脱贫攻坚等工作，进一步强化安全保卫工作，维护国家安定繁荣，维护西藏和谐稳定。

15. 保持打击走私高压态势。

加强对"洋垃圾"、象牙等濒危物种及其制品、重点涉税商品、涉证商品、粮食等农产品、涉枪涉毒等的打击力度，坚持"打防结合、综合治理、突出重点、坚持不懈"的打击走私工作方针，有效打击各类走私违法犯罪活动，维护正常进出口贸易秩序，积极开展反走私综合治理，营造健康发展、科学发展的良好环境。

二、西藏自治区支持海关的重点工作

（一）支持海关高效履职尽责。

1. 支持海关口岸安全风险联合防控机制建设。

协调推动公安、安全、边防管理等部门与海关加强联防联控，完善国门安全防控体系，建立国门政治保卫协作机制。协调推动农林、粮食、商务（口岸）等有关部门与海关加强联防联控，共同搭建动植物疫情疫病防控网络。协调推动卫生、应急等相关部门与海关加强联防联控，共同做好传染病防控工作。建立与商务部门、市场监督管理局等监管部门之间信息共享、后续处置等的协作机制，形成对危险化学品等重点货物监管合力，确保监管风险防控到位。

2. 推进政府主导、口岸运营单位为主体的口岸公共卫生核心能力建设。

在场地建设、人员配备、智能化查验设施等方面给予配合，推动口岸所在地政府和口岸相关单位按照核心能力考核标准完善工作体制机制，支持配套设备设施建设，确保西藏新开放口岸的公共卫生核心能力达标验收及已达标口岸的动态复核顺利通过考核验收。

3. 优化营商环境，进一步落实综合保税区建设发展主体责任。

积极推动拉萨综合保税区高质量发展，支持区内海关监管设备设施升级改造和日常维护。

4. 支持进出口商品质量安全风险预警和快速反应监管体系建设。

建设进出口商品质量安全风险监测点，加强风险验证评价实验室资源配置，推动西藏监管部门共享进出口商品安全风险信息，有效提升西藏进出口商品质量安全风险评估和处置能力。

5. 支持海关强化打私工作。

积极推进各相关部门与海关数据共享，加强与海关风控部门协作，支持信息数据融合应用和精准布控。发挥公安、交通运输、商务、市场监管等作用，深化综合治理，加强协作配合，严厉打击"洋垃圾"、象牙等濒危野生动植物及其制品走私，加强对非法运输、制售假冒伪劣商品等案件的查处，形成多元共治的反走私综合治理体系。落实地方政府反走私综合治理主体责任，协调相关部门落实有关法律和国务院有关决定，指定机构具体负责走私冻品和非法入境固体废物的处置工作。

6. 支持海关提升技术执法效能。

支持海关提升科技水平，在信息化建设、科研攻关、技术储备、实验室装备配置、海关监管设施设备等方面给予必要的政策和资金支持。支持中国（西藏）国际贸易"单一窗口"建设和发展，给予必要的建设和运维资金保障。围绕西藏特色产业经济发展，将重点实验室科研基础条件提升和科技攻关纳入支持范畴，帮助拉萨海关技术机构建设发展，提升海关技术执法的能力和水平，推动海关监管科技水平提升。

7. 支持加强海关监管法律法规宣传力度。

加大对海关知识产权保护、进口预包装食品标签改革等海关监管法律法规政策制度宣讲推广力度，教育引导企业诚信守法经营，规范进出口贸易秩序。

（二）支持海关监管配套设施建设。

8. 支持加强对进出口货物监管作业场所的规范化建设。

为满足海关监管作业要求，配合建设口岸前置拦截作业场地、封闭式集约查验场地。地方各级财政加大投入力度，支持海关监管作业场所优化整合，引导企业规范管理和科学运营。

9. 改善口岸监管设施条件。

支持海关物流监控信息系统建设和智能卡口、安全智能锁等基础设施建设。尤其在H986、CT机、X射线机等监管设备和配套设施建设安装过程中，协调相关部门单位加强指导和联系配合，加快环保、安监等审批速度，保障海关监管配套设施及时投入使用。

10. 推动口岸所在地政府和口岸业主单位支持动植物检疫能力提升工程中的口岸配套设施建设。

不断加大投资力度，尽快按照进境活动物、肉类、水果、冰鲜水产品指定监管场地和检疫处理区建设规范，推进相关口岸指定监管场地建设，确保进口动植物及其产品安全。

11. 继续加大对口岸基础设施和生活配套软硬件设施建设力度。

支持口岸技术用房改造，保障卫生、动植物和食品检疫快速检测实验室建设、口岸卫检通道升级改造等。继续加大对海关办公和生活配套软硬件设施的投入和保障。

（三）支持拉萨海关事业发展。

12. 建立健全海关与地方的人才双向交流机制。

不定期选派优秀中青年干部进行挂职、交流、任职，为海关事业发展和西藏开放型经济建设培养更多高素质复合型人才。

13. 建立双方教育培训长效合作机制。

将海关纳入西藏自治区干部培训计划，为海关干部培训提供优质师资和软硬件支持，在运用新媒体和网络化培训等方面提供相关经验和技术指导。

14. 支持西藏自治区内海关机构建设。

协助向国务院及有关部门请示沟通协调，支持拉萨海关根据业务增长增加机构编制。在政策和资金上支持拉萨海关招录使用辅警协助海关开展工作。

15. 在政策允许范围内积极支持拉萨海关改善工作、生活条件。

关心支持解决拉萨海关干部职工（子女）教育、医疗等民生领域实际困难，在执行地方属地标准的工资项目、住房、社保、医疗、养老及退休安置等方面，自治区财政结合实际予以适当补助，以保障海关工作人员与自治区干部职工享受同等政策。

16. 给予拉萨海关属地政策支持和保障。

充分利用属地政策，支持拉萨海关参与文明单位创建等地方评先评优工作，支持将拉萨海关纳入西藏自治区各级地方绩效考核体系、综治考评体系，并给予各方面的政策支持和保障。

三、建立署区紧密合作工作机制

1. 海关总署与西藏自治区人民政府建立双方领导不定期会晤机制，研究推进合作事项，及时沟通解决工作中遇到的有关问题，协调需商请对方支持的具体工作。

2. 建立署区联络协调制度，海关总署、西藏自治区人民政府以及区商务厅、拉萨海关分别指定1名司局级负责同志担任联络员，加强日常联系沟通，及时通报重要工作进展和有关信息。

第二篇 专记

庆祝中国共产党成立100周年和党史学习教育

2021年拉萨海关党委按照总署党委党史学习教育工作部署，在总署第三巡回指导组的指导下，结合西藏自治区"政治标准要更高，党性要求要更严，组织纪律性要更强"专题教育，围绕学党史、悟思想、办实事、开新局，深入开展党史学习教育。

一、提升学习宣传成效

（一）组织领导。

制发党史学习教育工作方案，成立领导小组及办公室，召开党史学习教育动员大会、推进会，实施清单式管理，定期向总署和自治区报送党史学习周报、半月报、月报、创新案例以及"党史学习教育每月汇总表"、"重点民生项目表"、"我为群众办实事"实践活动统计表。关领导通过基层调研等方式对分管或联系的单位部门、基层党支部和执法一线科室联系点进行党史学习教育检查指导并提出工作要求。

（二）专题学习。

党委班子带头示范学，通过党委会和形势分析例会"第一议题"、中心组专题学习等形式重点学习习近平总书记在党史学习教育动员大会上的重要讲话和四本指定书目、习近平总书记在庆祝中国共产党成立100周年大会上的重要讲话精神、党的十九届六中全会精神、习近平总书记考察西藏时重要讲话精神，党委班子成员均讲授专题党课。各基层党组织创新形式学，通过处级干部读书班、支部读书会、青年理论学习小组沙龙等形式开展集中学习研讨，形成"国门党建方舱""梨树下的信仰""习语晨读"等基层学习品牌，建成"1个青年党校+26个学习小组"的"抗缺氧·强信仰"青年理论学习阵地，同时通过"人人上讲台""及时考"等形式检验学习成效。明确任务重点学，紧跟总署党委部署，采取总署、拉萨海关、隶属海关党委理论学习中心组"三结合"方式，举办党委理论学习中心组（扩大）学习暨党的十九届六中全会精神专题学习班，开设处级干部党史学习教育网上专题读书班（第二期），举办拉萨海关青年党校（第三期），将实体教学和"云端课堂"

贯通融合，持续加强理论武装和党性锤炼。

（三）宣传成效。

拉萨海关党史学习教育成果先后被央视《新闻联播》、《人民日报》等报道10余次，总署和自治区学教办采用信息新闻简报110余篇，其中"金钥匙杂志"公众号刊登23篇，在"雪域关情"微信平台开辟"百年党史高原海关微课堂"23期。

二、组织系列特色活动

（一）开展"学史·铸魂"红色讲坛活动。

累计开展4期"学史·铸魂"海关红色讲坛活动。先后举办拉萨海关第二届"五五学习节"——"学党史·抗缺氧·强信仰"学习心得成果交流会；邀请退休老党员白玛次仁同志讲述党史故事、雪域高原边关红色故事；邀请1959年进藏建关干部戚道安同志家属走进拉萨海关，讲述中国共产党领导下的西藏人民海关筹建故事；深入挖掘1959年首批进藏建关干部王镇成同志先进事迹，走访慰问王镇成同志亲属，开展"老西藏精神"（孔繁森精神）溯源活动。

（二）开展"永远跟党走"活动。

组织合唱团开展"永远跟党走——庆祝中国共产党成立100周年'七一'歌咏选拔赛"；开展2期"永远跟党走 奋进新征程"党史知识测试；聚焦"永远跟党走"主题，围绕端午、中秋、重阳等时间节点，开展"我们的节日"系列活动，厚植广大党员干部爱党爱国爱社会主义情感，坚定听党话、感党恩、跟党走的信念。

（三）开展"党旗在基层一线高高飘扬"活动。

聚焦"建强组织筑堡垒、服务中心作贡献、为民办事解难题"，组织基层党组织和党员大力守好"四座国门"（政治大门、经济大门、生态大门、边境大门）"、深化"万百千2021"（行万里，访百企，解千难）、推进"生命工程"，推动海关各项惠民政策、利民项目在基层落地落实；推行基层党建工作清单化管理，建立健全"四强"支部建设和党建品牌创建工作机制，深挖支部品牌内涵；在各窗口单位建立党员先锋岗，推动党员亮身份、树形象；驻村工作队落实驻村"七项任务"（推动习近平新时代中国特色社会主义思想扎根铸魂、铸牢中华民族共同体意识、维护社会稳定、强健村党组织、推进乡村振兴、加强乡村治理、为民服务办事），为老百姓实实在在办好事、办实事。

三、挖掘利用红色资源

（一）续红色血脉。

传承"老西藏精神"和国门卫士红色基因，分批分级举办习近平总书记"七一"重要讲话精神和在西藏考察时的重要讲话精神读书班、读书会、读书沙龙，组织参观"西藏和平解放70周年成就展""两路精神馆"，就"弘扬伟大建党精神"等专题集中学习研讨。

（二）建红色阵地。

重新改造升级拉萨海关关史馆，设置"海关古今""国门丰碑"等7个展区，发挥全国民族团结进步教育等三大基地作用，2021年以来系统内外70余家单位前来开展"体验式"教学，日喀则海关关史馆开馆，深刻诠释"党的光辉照边关、国门卫士心向党"深厚情怀。

（三）讲红色故事。

向全国海关作高原边关精神"e课堂"宣讲，制作拍摄《一封家书》情景剧，邀请老同志、首批进藏建关干部后代讲述高原海关光荣历史和先辈事迹，组织机关党支部与兄弟海关党支部开展"山海连线"党史共学活动，交流干部和援藏干部通过讲党课等形式传播边关红色故事，推动红色资源走出高原。海关总署署长倪岳峰2次讲话中提到拉萨海关红色故事。

四、推进"我为群众办实事"

聚焦国门安全、便民利企、暖心聚力3项工程，扎实推进关党委10个项目清单和2个长效机制，选树关区3批典型项目12个，获评全国海关"'我为群众办实事'百佳项目"1个。

（一）国门安全工程。

一是加强口岸疫情防控。按照"一口岸一方案"原则，严格执行口岸"客停货通"要求，做好援尼物资通关，派员赴口岸国门一线"轮战"，从严做好一线关员安全防护。二是维护国门生物安全。助力青藏高原生态多样性保护，严禁西藏生物物种资源、人类遗传资源未经许可出境，协助总署推进尼泊尔中草药、饲草输华工作，全年截获入境动物产品1批、植物产品4批，侦破1起走私珍贵动物制品案，缴获高鼻羚羊角6根、象牙0.795千克。三是开展违禁品专项整治。制定细化查缴违禁品处置操作指引，严厉打击涉"藏独"类反宣品，查获各类违禁品1,300余件。

（二）便民利企工程。

坚持企业诉求有响应、重点企业有对接，新出政策有解读、共性案例有分享，持续落实问题"清零"机制，会同企管司首次联合推出藏汉双语AEO认证宣传材料，自主培育西藏首家AEO高级认证企业1家，为"地球第三极"品牌畅通"云端通道"走出国门，助力林芝松茸、易贡红茶、阿里1家企业矿泉水顺利出口。

（三）暖心聚力工程。

推进总署支持保障艰苦地区边关22条措施落到实处，实施"高原生命工程4件民生实事"，认真分析干部职工健康状况，统筹解决"暖心直通车"、小医务室建设、净水设备配置等基层干部职工关心关切的民生问题。组建"宜勃青年先锋队""镇成青年志愿服务队"等志愿服务队，开展系列志愿活动。驻村帮扶，开展贫困地区农牧民群众生活饮用水检测。

（撰稿人：加永拉措　赵星锋　郭　雄）

学习贯彻党的十九届六中全会精神

2021年，拉萨海关党委坚持以习近平新时代中国特色社会主义思想为指导，增强"四个意识"、坚定"四个自信"、做到"两个维护"，把学习宣传贯彻党的十九届六中全会精神作为当前和今后一个时期的重大政治任务，精心安排部署，周密组织实施，引导广大党员干部切实把思想和行动统一到全会精神上来，弘扬伟大建党精神，以史为鉴、开创未来，埋头苦干、勇毅前行，以实际行动捍卫"两个确立"，做到"两个维护"。

一、加强学习培训，做到学深悟透

迅速传达学习党的十九届六中全会精神。关党委第一时间召开专题党委会，深入学习领会党的十九届六中全会精神，对全关学习宣传贯彻工作作出具体部署；各隶属海关单位党委按照总关党委安排，结合地方党委要求，组织传达学习，研究制订学习宣传贯彻的具体计划；各基层党组织将全会精神传达至每名党员，确保全覆盖、无死角。

11月25日至12月2日，以总署、拉萨海关、隶属海关党委理论学习中心组"三结合"方式，举办党委理论学习中心组（扩大）学习暨党的十九届六中全会精神专题学习班。参加总署党委理论学习中心组（扩大）学习暨党的十九届六中全会精神专题学习班，集中学习总署党委书记、署长倪岳峰开班动员讲话和中央宣讲团成员、中央党史和文献研究院副院长黄一兵的专题宣讲；利用8天时间，通过党委班子带头示范学、交流研讨融合学、专家宣讲深入学、线上线下结合学多种形式，同步举办拉萨海关党委理论学习中心组（扩大）学习暨党的十九届六中全会精神专题学习班。

抓好党员干部全员培训，在学懂弄通上狠下功夫。在符合疫情防控要求的前提下，采取海关e课题、网上培训班、集中轮训等方式，开展学习贯彻党的十九届六中全会精神处级干部轮训工作。组织学员以全会精神为统揽、立足岗位实际深入交流研讨，撰写心得体会106篇。针对线上教学学员分散的实际情况，充分运用"教育培训联络员"机制，强化沟通协作，通过微信、电话等方式进行课前提醒和课后督促，确保学员完成好培训计划。

推动基层党组织深入学习贯彻党的十九届六中全会精神。各党支部利用"三会一课"、主题党日活动、专题研讨会等方式，组织党员干部原原本本学习会议文件，分专题开展集中学习研讨和交流；用好"高原夕阳红""糌粑团团"学习品牌同步组织老干部、青年干部学习，抓好驻村临时党支部的组织学习，迅速掀起学习热潮。重视青年理论学习，举办青年党校和成立青年理论学习小组。12月31日，团委立足"糌粑团团"品牌，举办党的十九届六中全会精神"青年人人讲"联学交流活动，26名在拉萨跟班学习的2021年新录用人员以人人上讲台的形式，进行研讨交流，结合自身岗位实际，畅谈学习党的十九届六中全会精神所思所悟。

二、抓好宣讲宣传，营造浓厚氛围

广泛开展集中宣讲。12月8日，拉萨海关以视频会议形式召开党的十九届六中全会精神专题宣讲会。邀请自治区宣讲团成员徐志强来我关开展专题宣讲，从十方面对党的十九届六中全会精神和自治区第十次党代会精神进行循序渐进、深入浅出的讲解，在关区内进一步掀起学习宣传贯彻党的十九届六中全会精神热潮。营造学习宣传浓厚氛围。发挥各级各类宣传阵地作用，利用拉萨海关党史学习教育专题网站和"雪域关情"微信公众号等平台，广泛开展学习贯彻党的十九届六中全会精神宣传；用好内部网站、展板、电子显示屏、信息简报、微信公众号等，生动活泼地搞好宣传引导；筹备关区党史学习教育总结大会和专题民主生活会、组织生活会，做好党史学习教育相关资料汇编、宣传。

三、坚持学以致用，加强成果转化

深化拓展党史学习教育成果。充分认识党的十九届六中全会召开的重大意义，牢固树立"四个意识"，坚持以党的旗帜为旗帜、以党的方向为方向、以党的意志为意志。进一步提高政治站位，充分发挥海关政治机关和准军事化纪律部队制度优势，增强垂管意识，强化制度执行，走好"两个维护"第一方阵，确保党中央政令畅通，坚决做到"五个必须"，杜绝"七个有之"。深化"我为群众办实事"实践活动，聚焦国门安全、便民利企、暖心聚力3项工程，部署推进"我为群众办实事"10项举措和2项长效机制，用心用情用力解决好企业群众的操心事、烦心事、揪心事；选树关区3批典型项目12个，获评全国海关"'我为群众办实事'百佳项目"1个。实施"高原暖心直通车"等民生关怀四件实事，做好驻村帮扶，助推"水、茶、蜜、乳、菌"等高原特色产品打通"外贸天路"，助力前三季度西藏进出口总值增幅位居全国首位。

发挥海关职能，守好"四座国门"。

坚持以全会精神为指导，胸怀"两个大局"，围绕西藏"四件大事"（稳定、发展、生态、强边）、"八大任务"，争做"六个表率"，严格落实《深入学习贯彻习近平总书记西藏考察重要讲话精神 奋力推进雪域高原长治久安和高质量发展的实施意见》《拉萨海关贯彻落实"十四五"海关发展规划实施方案》，守好"政治大门"，维护社会大局稳定；守好"经济大门"，助推西藏外贸高质量发展；守好"生态大门"，助力青藏高原生态文明建设；守好"边境大门"，助力稳边固边兴边富民，在西藏"四个创建""四个走在前列"中积极发挥海关作用。

（撰稿人：加永拉措　赵星锋　郭　雄）

统筹口岸疫情防控和促进外贸稳增长工作

2021年，拉萨海关持续抓好常态化口岸疫情防控，坚决贯彻落实习近平总书记关于"提高科学精准防控水平，不断优化疫情防控举措"的重要指示批示精神，落实落细总署疫情防控最新要求，指导隶属海关科学精准、严格规范做好常态化新冠肺炎疫情口岸防控，并加强口岸联防联控；加强对印度、尼泊尔两国疫情监测及分析研判；开展疫情防控培训，提升口岸疫情防控应对能力；做好人员安全防护监督检查，对隶属海关个人防护进行指导，切实提高工作人员防护水平。统筹口岸疫情防控和促进外贸稳增长，强化监管优化服务，继续做好"六稳""六保"工作，着力做好常态化疫情防控阶段各项通关保障工作，持续促进外贸稳增长。

一、防疫物资通关高效化

保障援尼物资通关"零梗阻"。坚持"高位推进、内外联动、强化指导、优化服务"的原则，牵头与区外办、口岸办一并，召开援尼物资出境专题业务协调会，与尼泊尔驻拉萨总领馆进行座谈，宣讲监管政策，解读海关要求，对接自治区外事办等部门、出口物资相关企业以及相关隶属海关，提前做好出口危险化学品及其包装海关监管要求的业务指导与通关政策服务。同时加强对非设关地出境物资监管的部署要求，加强联系协调，提前做好通关业务保障工作，严格监管，全力保障援尼物资快速通关。

保障通关系统运行"零故障"。加强H2018新一代海关通关管理系统运行管理，指定专人全程值守，协调联系总署相关业务部门和兄弟海关，及时为各业务现场解决涉及结关、改单和验估等系统问题，切实提升通关业务保障水平。

保障飞机进口通关"零延时"。为藏航办理减免税审核确定手续，积极协调成都海关，协助做好疫情期间直飞进境航空器的疫情防控和查验放行，联动多部门确保两架飞机进口"零延时"通关。

二、严格口岸检疫，确保对尼泊尔单向货物出口

严格落实检疫监管措施。吉隆口岸在热索桥尼方一侧指定区域内采用"倒装"模式实施对尼出口，樟木口岸在友谊桥上采用"甩挂"模式完成对尼出口，全程中尼双方人员零接触。严格实施口岸作业区域分区管理和医疗废弃物处置，严格红、黄、绿三类区域各功能区域间人员流动控制，科学设置防护装备脱卸区域；按照相关工作方案和技术规范处置口岸作业区域医疗垃圾，集中管控，定期移运销毁。

三、强化人员管理，确保疫情防控安全

从严就高做好个人安全防护。口岸一线工作人员（含地方支援人员）上岗前，必须经过个人安全防护知识和实操技能培训，合格后方能上岗作业，培训内容以总署发布的最新版《口岸新冠肺炎疫情防控工作人员个人防护指南》等要求为准。定期组织开展防护服破损、口罩脱落等多场景职业暴露应急处置演练。

加强一线工作人员健康管理。对参与倒装的司机和"甩挂"接驳人员海关开展健康监测和安全督导，包括每日上岗前体温检测、规范脱卸防护装备指导、以及按地方联防联控机制要求实施每日采样核酸检测。对海关一线关员和协助工作人员健康状况实行"日报告、零报告"，每日上岗前进行体温监测和健康报告，合格人员方能上岗作业；每两日进行1次核酸检测。上述人员在热索桥、友谊桥口岸一线区域封闭管理，实行分餐制，减少聚集。拉萨关区统筹人员，定期派员赴口岸轮战。

积极构筑人员免疫屏障。拉萨海关口岸一线工作人员100%接种新冠病毒疫苗。按照自治区的统一部署，关区积极组织开展加强免疫接种工作。

四、严格落实安全防护管理和监督制度

聂拉木海关、吉隆海关建立了"岗前检查、工作巡查、全程督查"和"双人作业、互相监督"的安全防护监督制度，在口岸一线人员开展卫生检疫作业时，监督指导不同岗位按照风险防护需要做好个人防护、规范脱卸防护装备、巡查现场污染分区管理等工作。按照总署要求，2021年6月以来，拉萨海关成立"挑毛病"专家组，每日对口岸一线关键环节、重点流程、工作人员安全防护情况进行视频检查，发现问题129个，全部整改落实。同时，成立"四不两直"疫情防控检查组，深入口岸一线开展联合监督检查3次。

五、外贸促稳促增精准化

精准强化目标导向。坚持"精准发力、靶向帮扶、一企一策"，围绕"领导干部包联企业服务制、区域管理扶持企业任务制、海关特殊监管区域目标制、业务

政务环境优化整合制、科技支撑特色产品帮扶制"五项目标机制,遍访关区进出口企业,解决企业实际困难,将疫情对关区外贸影响降到最低、将企业复工复产经营成本降到最低、将企业面临的经济损失降到最低、将关区口岸营商环境做到最优,激发市场主体活力和发展内生动力,不断促进关区外贸稳定增长。

精准实现"问题清零"。探索建立"企业呼声快响应、重点企业勤对接、新出政策深解读、共性问题多分享"的"优环境"长效机制,初步形成了关区一对一"关企联络员"实施方案,组织关区各单位(部门)走访调研易贡茶厂、布瑞藏蜜等区内特色产品生产企业327家次,对搜集到的问题按照"企业需求"和"海关业务"两个序列八大类别进行汇总梳理,共涉及申报规程、税收优惠等124个问题,通过"一对一"政策解读、"手把手"实操指导等方式有效解决123个,问题清零率超99.2%。

精准提供技术支撑。立足支持西藏自治区"七大产业"发展规划,助推西藏经济社会高质量发展,依托"国家矿泉水重点实验室"平台,持续为西藏天然饮用水企业、产品、设备提供全面优质检测服务,为企业培养检测和质量管控人才、守护纯净"西藏好水"、扩大"地球第三极"高原特色品牌产品出口等持续贡献海关技术力量。充分发挥属地优势,成立助推尼泊尔饲草进口专班组,加强与地方政府和企业的联系、沟通,积极助推尼泊尔饲草进口获批落地。

精准帮扶培育企业。优化调整报关单位注册登记、备案作业审批层级控制流程,不断简化海关业务办理手续,实现各隶属海关现场直接受理企业备案申请等工作模式。针对企业制度文件建立和实地经营场所安全工作落实情况,落实前置性检查指导,积极开展企业AEO认证培育,通过"一对一"培育指导,推动企业克服困难,有效提升企业参与认证企业培育的主动性、积极性,为企业不断进步,力争成为现代化优质外贸企业打下坚实根基。

精准提升口岸监管。紧盯口岸疫情防控动向,协同口岸管理部门,及时了解企业诉求,优化出口货物特定方式交货监管模式,落实口岸通关监管动态调整策略,最大限度提升口岸过货量。指导企业用好"全国通关一体化""两步申报""提前申报"等海关业务政策,充分释放"绿色通道""收发货人免于到场查验""出口货物倒装查验"等监管便利和改革红利,全面强化口岸海关监管能力。

精准深化工作成效。优化完善"10+7"稳外贸具体措施,调整和丰富细化落实抓手,提升"互联网+海关"应用成效,优化"12360"业务咨询、预约通关等"一站式"服务,完善线上申请、远程提交资料、容缺受理等"非接触式"业务受理方式,办事效率进一步提高。持续巩固压缩货物通关时间成效,建立重点企业专门联络员制度，协调解决有关进出口货物涉检等通关过程中的堵点、难点等"卡脖子"问题。加大自主知识产权重点企业培塑力度，全力引导企业申请备案保护，指导企业制定维权创新规划，加速推进已备案企业开展出口知识产权优势企业申报工作。落实各项税收优惠政策，以属地纳税人管理为抓手，扩大实地走访企业的覆盖面，建立常态化走访帮扶机制，为企业提供纳税引导与服务。深入推进税收征管方式改革，进一步扩大新一代电子支付、自报自缴、汇总征税覆盖面。2021年关区汇总征税率为71.47%，自报自缴率为83.28%，新一代电子支付率为100%。统筹口岸疫情防控和促进外贸稳增长工作。

（撰稿人：张黎鹏　侯雨桐）

优化口岸营商环境

2021年拉萨海关立足新发展阶段，完整、准确、全面贯彻新发展理念，构建新发展格局，加强内外统筹，充分发挥口岸在国内国际双循环中的开放平台作用，统筹推进疫情防控和经济社会发展，在严格疫情防控、严防疫情输入的基础上推进通关便利化，进一步优化通关流程、创新监管方式、提升通关效率、降低通关成本，提升高质量监管、高品质服务水平，持续优化口岸营商环境，更大激发市场主体活力和综合竞争力，保持外贸进出口稳定增长。

一、简政放权，优化进出口监管证件办理程序

精简行政审批事项。根据总署关于行政审批相关工作要求，拉萨海关已取消"进出口商品检验鉴定业务的检验许可"，对采信的检验检测机构实施目录管理；对"口岸卫生许可证（涉及公共场所）核发"实行告知承诺改革。拉萨海关行政审批事项包含报关企业注册登记、口岸卫生许可证核发等11项具体业务。

推进"证照分离"改革。按照总署工作部署，积极推进"证照分离"改革，对海关涉企经营许可事项开展"证照分离"全覆盖改革试点工作，有效降低企业制度性交易成本，将"报关企业注册登记""出口食品生产企业备案核准"由审批改为实施备案管理，报关单位备案全过程实施无纸化网上办理。自"证照分离"改革施行以来，出口食品生产企业备案24家。

二、改革创新，优化口岸通关流程和作业方式

全面深化海关业务改革。持续深入贯彻落实《海关全面深化业务改革2020框架方案》，深入推进关区"两步申报"业务应用率达57.2%；全面上线运行新一代通关管理系统3.0版本，联合长春海关共同完成拟证出证系统超关区范围读取数据测试工作，稳步提升"两段准入"信息化监管水平。积极参与总署"业务流程及问题收集专项工作组"等三个领域跨关区协同管理，成功推荐关区贡嘎机场海关综合业务科和西藏航空有限责任公司列为总署

基层联系点和企业联系点，做好业务改革问题收集工作，落实"问题清零"要求，配合总署完成好通关一体化向全业务领域一体化改革相关工作。

深化海关税收征管改革。积极推动海关税款担保改革，成功开通关税保证保险担保业务，关区关税保证保险业务实现"零的突破"。指导西藏航空有限公司启动以企业为单元的税款担保改革，实现一份担保同时在全国海关用于多项税款担保业务。进一步扩大关区汇总征税、自报自缴、新一代电子支付覆盖面。2021年关区"汇总征税"率为71.47%，"自报自缴"率为83.28%，"新一代电子支付"率为100%。积极引导企业用好各类税收"利好"政策，有力缓解关区企业因疫情影响而带来的资金压力。

优化西藏口岸开放布局。2021年12月24日，印发《拉萨海关落实"十四五"海关发展规划实施方案》，实施方案锚定"建设社会主义现代化海关"远景目标，高质量形成"一方案两清单"，明确34项重点任务和21项专栏工程，明晰可量化易追溯的责任主体和实施路径，同时积极参与《西藏口岸"十四五"发展规划》编制，优化西藏口岸开放布局，统筹推进拉萨海关"十四五"事业发展规划与总署和自治区各项工作任务有机融合。

三、强化监管，大幅压缩货物整体通关时间

持续提升口岸管理信息化智能化水平。依托国际贸易"单一窗口"，实现关区监管证件申报、审核、通关和反馈全流程网上办理；关区进出口货物、舱单、运输工具等主要申报业务实现"单一窗口"标准版100%应用。积极向海关总署申请安全智能锁、移动查验单兵等各类监管查验设备配备工作，单兵作业全面推行，在吉隆和聂拉木海关配备H986大型集装箱、车辆检查系统，查验效率和口岸查验智能化水平进一步提升，CT机、X射线机在关区广泛应用，实现"智能审图"系统全覆盖。

持续做好压缩货物整体通关时间工作。牵头拟定《西藏自治区关于进一步深化跨境贸易便利化改革优化口岸营商环境的实施方案》，旨在进一步优化通关流程、创新监管方式、提升通关效率、降低通关成本，进一步推动跨境贸易重点领域关键环节改革取得突破，打造先进口岸营商环境。强化整体通关时间日常监控和异常通报机制，督促其做好压缩整体通关时间工作和问题的分析整改。根据总署通报和共享的报关单数据，结合1—9月关区压缩整体通关工作实际并有针对性提出有关建议，有力地推进了业务现场压缩整体通关时间工作。2021年关区进口"整体通关时间"28.49小时，出口"整体通关时间"0.12小时。进出口"整体通关时间"均优于全国同期平均水平。

持续推进知识产权海关保护工作。结合西藏边境贸易特点及近年查获侵权货物

相关情况，接续部署开展"龙腾2021"知识产权海关保护专项行动。指导各业务现场聚焦服饰、电子产品、汽车零部件等侵权高风险商品，会同风险部门开展联合研判，切实加强知识产权海关保护力度，有效堵截侵权违法活动，营造良好执法氛围，为推动西藏高水平开放、高质量发展提供坚实有力保障。全年共查获进出口环节涉嫌侵犯知识产权货物20批、4.8万件/个，价值174.1万元，数量和货值分别同比增长6.4倍和3倍。

创新监管方式规范执法行为。通过西藏"双随机、一公开"监管平台完成"一单两库"录入工作，录入率达100%。极配合区市场监管局开展"双随机、一公开"跨部门联合工作，结合海关工作实际，制订跨部门间"双随机、一公开"抽查工作计划，主动与区财政厅、税务局、交通厅等部门加大沟通联系力度，推进落实对出口商品生产企业和国际道路运输经营者监督检查跨部门联合"双随机、一公开"抽查事项。

四、优化服务，提升为民服务满意度

推进政府服务标准化。充分运用"互联网+海关"政务服务平台，全面推进非接触式海关业务办理。编制《出入境特殊物品卫生检疫审批》《口岸卫生许可证核发》办事指南在西藏政府服务网平台上发布，在拉萨海关门户网站平台上设立在线服务窗口，公开货物通关、减免税等办事指南。同时，持续加强拉萨海关门户网站运维，定期开展门户网站自查自纠，确保网站内容最新、可用、有效；利用政务新媒体主动发声，及时发布海关外贸数据分析与政策解读，积极回应社会关切，解决民众难题，努力打造便捷、高效、规范、智慧的政务服务"总客服"，着力提升为民服务满意度。

打造高效服务窗口。严格执行12360海关服务热线"7×24"小时人工服务运行受理机制，第一时间接听受理各方诉求，并依据系统知识库直接在线解答，及时提供海关相关知识服务。2021年11月1日，与拉萨市12345热线已完成技术归并工作，成为区内首家完成热线归并工作的单位，达到便民利企实效。

帮助企业纾难解困。自主培育西藏首家AEO海关高级认证企业，并帮助申请地方配套普惠性政策奖励。会同总署企管司首次联合推出汉藏双语AEO认证宣传资料，实现海关信用管理汉藏双语政策宣传涉藏省区全覆盖。紧密围绕"我为群众办实事"实践活动重点民生项目，坚持问题导向，完善台账管理，积极落实"问题清零"机制，共组织关区各单位（部门）走访调研易贡茶厂、布瑞藏蜜等区内特色产品生产企业327家次，收集到申报规程、税收优惠等8类问题困难124个，通过"一对一"政策解读、"手把手"实操指导等方式有效解决问题123个。

（撰稿人：侯雨桐）

开展国门生物安全行动

一、开展生物多样性保护工作

海关作为国门生物安全和生物多样性保护的第一道防线，严格落实进出境动植物检疫、强化外来入侵物种口岸防控，打击濒危动植物及其制品走私，始终保持严密监管，有效打击了口岸违法犯罪活动，守护了国门安全。

（一）强化监管，打私护边。

一是加强口岸监管和走私打击力度，切实做好濒危物种保护。开展"国门利剑2021"联合专项行动，加强濒危野生动植物及其制品口岸监管查缉，重点打击象牙等濒危物种及其制品的走私。严禁西藏生物物种资源、人类遗传资源未经许可出境。二是开展打击野生动物违规交易专项执法行动，累计组织对口岸52家/次超市、酒店等从业单位或线下经营者开展野生动物非法交易检查工作。对进出境邮递寄品、出境货运车辆及货物进行100%过机查验，严防走私犯罪活动。共截获象牙制品3批次，共3件，约0.795千克。

（二）完善制度机制，筑牢国门安全屏障。

加强进出境动植物检疫，健全生物安全风险防控机制，完善关区动植物疫病疫情信息收集、分析、研判、应用的协作机制，严防境外生物和动植物疫情疫病威胁。

（三）加强动植物疫情信息的收集。

成立动植物检疫和食品安全舆情信息收集工作组，加强动植物和食品安全舆情信息的收集、整理、分析和报送工作，密切关注国外动植物疫病疫情流行态势，强化非洲猪瘟、沙漠蝗等重大动植物疫情疫病防控。针对2021年红火蚁疫情频发，以及与我国接壤的不丹、尼泊尔等国发生非洲猪瘟、猪繁殖和呼吸综合征、马鼻疽等疫情，下发疫情防控通知及5份疫情警示通报。

（四）加强进境动植物检疫，严防境外疫情传入。

对各口岸来自重大动植物疫区的进口货物、运输工具、旅客携带物、邮件快件实施100%现场查验和检疫，对进境车辆实施100%预防性消毒处理。强化寄递渠道进口环节管控，加强非贸渠道有害生物截获，保护国家生态安全和生物多样性。共截获入境动植物产品 5 批次，0.9459 千克。

（五）突出风险分析，强化外来入侵物种口岸防控，阻断外来物种入侵。

成立国门生物安全监测领导小组，制订年度《拉萨海关国门生物安全监测实施方案》，组织实施开展非洲沙漠蝗、检疫性实蝇、苹果蠹蛾、红火蚁等口岸疫情风险监测工作。全年共布实蝇监测点 120 个，目前共捕获实蝇 500 余头。

（六）严格落实动植物产品准入工作，加强源头风险管控。

有序开展尼泊尔饲草、进口中药材准入工作，在完成《进口尼泊尔青贮玉米、高粱、象草风险评估报告》、《问卷调查》和检疫议定书起草和上报相关工作的同时，积极推进尼泊尔中药材输华准入进程，撰写社会经济调研报告已呈报总署，根据总署安排开展后续相关工作。

（七）注重宣传教育，营造共治格局。

利用国门生物安全展示厅、"雪域关情"微信公众号以及专题宣教进社区、进校园活动等载体，加大生物安全法律法规和生物安全知识宣传教育，做好关区亮点举措和典型案例的内外宣传，提高全社会生物安全风险防范意识，营造国门生物安全人人参与的良好氛围。

二、开展"国门利剑2021"专项行动

（一）成立拉萨海关生物生态安全风险防范和保护工作领导小组，制订《拉萨海关关于贯彻落实生物生态安全风险防范和保护工作的实施方案》，制发《拉萨海关推进落实生物生态安全风险防范和保护工作任务分解方案》，推动由拉萨海关牵头的 5 项工作及 4 项协办工作，召开 3 次专题关长办公会。

（二）组织开展打击野生动物违规交易专项执法行动，累计对口岸 72 家超市、酒店等从业单位及线下经营者开展野生动物非法交易检查工作。召开专题关长办公会，部署并下发《拉萨海关 2021 年打击走私珍稀野生动植物违规交易专项执法行动实施方案》，查获 5 起疑似濒危野生动植物及其制品，侦破 1 起走私珍贵动物制品案，行政处罚 2 起。

三、开展"国门绿盾2021"专项行动

（一）加强组织领导，制订行动方案。

制发《拉萨海关关于印发〈打击非法引进外来物种和种子苗木"国门绿盾2021"行动方案〉的通知》，成立行动工作领导小组，打击非法携带、寄递、夹带外来物种和种子苗木进境行为，严防外来物种入侵和动植物疫情传入；强化主体责任，严防出现非法引种、伪瞒报等行为。

（二）强化监管，严防外来物种入侵。

一是严格落实进境邮件、100%过机检查，机检异常100%开拆的监管制度，认真履行机检审图作业，严密防控安全准入风险。二是以案例分析为载体，强化风险

联合研判机制，健全涵盖来源国别、申报品名等申报要素的风险判别范围，将来自瑞士、比利时、澳大利亚、美国的邮包纳入布控范围，实施精准布控。三是加强濒危物种图谱和识别指南的学习，结合查发案例、预警信息和监管经验，加大对现场关员的业务指导和培训，提升现场查缉意识和技能。四是利用相关设备对边境路口等周边环境进行多维度巡查，时刻紧盯非法引进外来物种和种子苗木行为，进一步强化实际监管。五是按照行动方案要求，每月定期向总署动植司报送工作开展情况。通过寄递渠道截获1批次、0.179千克进境植物植株，已做销毁处理。

（三）强化沟通联络，建立合作、联动工作模式。

与西藏自治区农业农村厅、林业和草原局、西藏自治区林业调查规划研究院、西藏自治区高原生态研究所、中科院北京研究所、北京海科中心等部门针对物种资源保护进行技术交流，收集相关物种资源数据。下发《拉萨海关关于进一步加强出境物种查验的通知》，梳理濒危野生动植物种国际公约、国家重点保护野生动物名录、西藏自治区重点保护野生动植物名录以及相关法律法规，指导各隶属海关做好物种资源查验工作。

（四）强化宣传教育，提高公众国门生物安全意识。

利用"4·15"全民国家安全教育日、海关法宣传日等重要节点，开展《中华人民共和国生物安全法》普法宣传及国门生物安全宣传活动。开展宣传活动23次，发放宣传册1,500余份。制发《中华人民共和国禁止携带、寄递进境的动植物及其产品和其他检疫物名录》中、英、藏文宣传材料4,700份。

（撰稿人：柯华生）

进出口危险化学品及其包装物监管工作

2021年，拉萨海关不折不扣贯彻落实习近平总书记重要指示批示精神和党中央重大决策部署，坚守安全监管底线，按照总署党委的统一部署，采取积极措施，坚持问题和需求导向，探索海关商品检验监管专业能力建设新方法，以岗位资质管理为基础，持续培养打造危险化学品、危险货物及其包装检验专业队伍的"管理力""执行力""接续力"，取得明显成效，也确保了海关商品检验工作始终沿着正确方向前进。

一、持续强化安全生产组织领导

召开专题关长办公会议，认真学习领会习近平总书记对安全生产的重要指示批示精神，成立了以分管副关长为组长，各相关处室、隶属海关主要负责人为成员的"拉萨海关安全生产领导小组"；并在年初的拉萨海关进出口商品检验工作会议上对2020年全国海关进出口商品检验工作进行总结，针对机构改革后，关区商品检验业务方面，特别是进出口危险化学品、危险货物及其包装检验专业人员在关区各环节普遍存在业务人员数量及能力不足等情况提出具体举措，在2021年重点工作作出了具体安排部署。

二、锚定方向，抓"管理力"

在现行"选、查、处"分离的管理制度下，指导保障各类作业指令和工作要求正确高效执行成为拉萨海关商品检验职能部门管理工作的重要内容。为此，拉萨海关从"三清一明"（底数清、思路清、措施清、重点明）入手，着力从三方面强化商品检验的管理能力。

一是夯实岗位资质人员管理基础。围绕"一线岗位人员专业能力清"，开展关区基层进出口危险货物及其包装检验监管岗位资质人员状况摸底调查与分析，建立岗位资质人员数据库，全面了解各隶属关一线岗位人员状况和业务执行层面存在的问题与不足。按照海关总署《进出口危险货物及其包装检验岗位资质管理规定》，明确关区岗位资质人员的申请、培训、考核、备案等程序，建立了岗位资质动态管理和监督机制，夯实危包检验岗位资质管理与专业能力建设基础。

二是提升业务管理分析能力。围绕"作业流程清单"，全面掌握进出口危险货物及其包装检验监管各流程设置和处置要求，提升"选、查、处"各环节问题"全科医生"的分析研判和处置应对能力；围绕"业务数据清"和"危包检验业务状况明"，加强基层调研，构建关区进出口危险化学品、危险货物及其包装业务数据共享机制，全面掌握关区业务总体态势。

三是构建商品检验工作协调配合机制。商品检验工作点多线长，对各职能部门间协调与配合提出更高要求。拉萨海关以进出口危险货物及其包装检验监管等重点任务为载体，以总署转发的2021年3起伪瞒报、夹藏夹带出口危险货物典型案例为模板，构建产地检验、口岸查验、实验室检测各环节，人、财、物全方位保障的多部门统筹、协调、配合机制，突出商品检验职能部门在重大安全生产工作中的抓总、统筹、协调作用，形成工作样本；以年度考核为抓手，合理设计考核客观指标，并通过定向调研、专项督导、定期通报多种方式，督促指导各隶属关找准商品检验工作发力点，有针对性地完善管理、强化培训、化解隐患，兜住进出口危险化学品检验监管安全生产工作底线。

三、紧盯培训考核，抓"执行力"

拉萨海关紧紧围绕基层岗位资质人员专业能力建设，不断促进"选、查、处"各环节进出口危险货物及其包装检验岗位人员实战能力建设常态化、制度化。

一是加强岗位人员资质培训和考核工作，厚植危包检验岗位人力基础。广泛动员、督促尽可能多满足条件的基层岗位关员，参与总署商检司线上开展的进出口危险货物及其包装检验岗位培训考核工作。2021年共组织4期200余人次参与培训考核，截至年底关区共有84人分别取得进出口危险货物及其包装检验监管、出口烟花爆竹检验监管、出口打火机检验监管岗位资质，较2020年提升6倍，首次实现了危包资质人员隶属海关全覆盖。

二是突出日常训练，锤炼指令精准执行能力。通过"教、学、练、赛"一体化的方式，组织关区71名已取得危包检验监管岗位资质关员参加总署开展的商品检验业务领域"万人争先"线上练兵活动。通过线上观看视频、线下集中讨论答疑解惑、现场跟班指导等方式，统筹从事并熟悉商品检验口岸查验工作的业务骨干，多次赴樟木口岸、生产厂家开展产地检验及口岸查验工作，促进查验指令的精准执行，也带动了全关区危包检验监管实战能力整体提升。

四、着眼长远，抓"接续力"

建立完善规章制度是商品检验专业能力建设的重要内容，也是保证进出口危险货物及其包装检验监管的重要支撑和依据。为此，拉萨海关制定印发《拉萨海关进出口危险化学品及其包装检验工作规程（试行）》《出口医用氧检验监管工作指引（试行）》，进一步规范关区危包检验监管工作。

一是聚焦大事拓视野。积极主动为西藏自治区外事办和出口企业等进行危险化学品、危险货物包装检验监管工作政策宣讲和答疑解惑。全年圆满完成了3批41.2吨45.8万元西藏自治区政府援助出口尼泊尔医用氧的检验监管工作，在拉萨关区内首次实现了出口危险化学品开展产地检验、口岸查验放行全流程检验监管工作的"零突破"，口岸基层一线业务骨干在此中尼共同抗疫工作任务中拓宽了商品检验工作视野，提升政治意识、大局意识。

二是聚焦要事练思维。由商品检验科牵头建立业务联络群，带领业务骨干及时解读最新工作要求，讨论日常业务问题，督促跟进进出口商品质量安全、危险化学品检验监管、出口防疫物资等工作信息，积极学习借鉴内地兄弟海关成功工作经验和管理方式；针对部分业务指令操作性不强、业务处置难等问题，组织业务骨干逐项梳理相关业务规范和操作标准，系统提出建设性工作建议，从而锻炼分析问题、解决问题的思维方式。

三是聚焦难事讲奉献。发挥业务骨干专长，有计划地组织并指导其承担具有挑战性、创造性的工作，如在关区各隶属海关推广使用进出口商品质量安全风险管理信息化系统，收集国内外因商品质量安全问题造成的重大、敏感或聚焦的突发事故或致人身伤亡的事件、出口商品质量安全问题、突发执行的技术性贸易措施、消费者投诉、检验检测机构报告、企业报告等突发、重要及一般风险信息，累计在系统内录入包括关区历年来查发的不合格进出口商品典型案例11起，"为而不有"的敬业、勤业、乐业氛围，主动勇挑重担的担当意识，使业务骨干在各项急难任务的历练中增长才干，收获经验、信心和职业自豪感，也为完善进出口商品质量安全风险预警监管体系，建立全国数据集成的风险信息平台贡献了应有的一份力量。

（撰稿人：扎西达瓦）

打击走私重点专项工作

2021年，拉萨海关缉私局党组在海关总署缉私局党组、拉萨海关党委的正确领导下，坚决贯彻落实海关总署缉私局党组各项决策部署，始终坚持党对公安工作的绝对领导、全面领导，始终保持严的主基调，一以贯之推进打击走私等各项工作。

拉萨海关缉私局始终坚持强化政治担当，坚决贯彻习近平总书记关于打击"洋垃圾"、象牙走私、防疫物资非法出境，以及建设青藏高原生态文明建设高地等重要指示批示精神，闻令而动、遵令而行，全力以赴抓好落实。先后印发"国门利剑2021"行动方案、"蓝天"2021行动方案、打击野生动植物走私行动方案、"国门勇士"缉枪方案，严厉打击"洋垃圾"走私、象牙等濒危物种及其制品走私；打击防疫物资、疫苗非法出境；严厉打击冻品、食糖等农产品走私，严防疫区冻品、不合格食品等走私入境。查办走私犯罪案件3起，案值439.8万元。查办走私违法一般案件13起，案值584.29万元，没收违法所得67.12万元。查办快速办理案件7起，较2020年上升40%，在全国海关行政案件质量考评中排第27名，达到历史最好水平。首次在货运渠道查获危险物品10.94吨，查堵反动宣传物品1,839件。聂拉木海关缉私分局获公安部"集体一等功"，获总署缉私局"2021年度全国缉私部门基层党建品牌（敬业奉献）示范点"称号。缉私部门2人获"个人三等功"（聂拉木海关缉私分局朱志锋、张奕晴连续三年考核优秀，授予"个人三等功"），1人获"个人嘉奖"；2人分获总署缉私局"优秀共产党员""优秀党务工作者"称号。

拉萨海关缉私局牢固树立总体国家安全观，切实发挥打私工作在维护西藏稳定方面的作用，始终把打击涉枪涉爆涉毒走私作为维护社会治安大局稳定、推进平安西藏建设的重要举措。密切关注走私黄金案件资金流向，有效防范走私违法犯罪行为与分裂集团、恐怖组织之间的勾连，顺利完成中国共产党成立100周年和西藏和平解放70周年庆祝活动安保维稳工作。查获2起减免税货物移作他用案件，保障了行政相对人合法权益，优化了营商环境。

拉萨海关关长将关区打私工作"第一责任人"牢牢扛在肩上,定期听取打私工作汇报;召开案件审理委员会议,研究解决难点问题;积极向地方政府争取招录辅警经费和增加打私办经费;协调纪检监察室和缉私局签订协作配合办法。缉私局局长带队到贡嘎机场海关调研"国门利剑2021"专项行动开展情况,推进专项行动深入开展。缉私局与亚东海关联合亚东县政法委、亚东县边境管理支队等单位就亚东县走私态势进行分析研判,达成协同合作及联系配合的意向。持续深化反走私综合治理,推动区内7地(市)已经有6个地(市)成立了打私办,进一步健全了打私机构设置,为打击走私综合治理工作的组织领导、统筹协调提供了有力保障。全国反走私调查研究中心赴藏调研组与各成员单位召开座谈会,就加强区域合作达成共识。反走私舆论氛围进一步营建,在"6·26"国际禁毒日、"12·4"法制宣传日以及重大案件侦办等重要节点,以反走私案例为典型,利用视听等传统媒体和网络等新媒体开展多渠道宣传报道20余次。组织开展反走私进校园、进商场等集中宣传月活动,通过张贴海报、游戏互动、发布微信(微博)等形式,组织开展丰富多彩的打私宣传教育活动,提高群众参与度,营造"不敢走私、不能走私、不想走私"的社会舆论氛围。缉私局与西藏自治区高级人民法院、自治区人民检察院联合开展规范走私犯罪案件办理专项工作,研究探讨走私案件法律适用标准、证据审查标准的一致性与协调性等问题,确保案件审判达到预期的法律效果和社会效果。

拉萨海关缉私局始终坚持制度先行,完善修订各项制度。全面实施"两统一"工作机制,并以推行"两统一"机制改革为契机,进一步强化法制监督管理职责,切实把好案件事实关、证据关、程序关和法律适用关,不断提高刑事执法水平和办案质量,推动制定《拉萨海关全员打私绩效评估实施办法(试行)》,主动适应以审判为中心的刑事诉讼制度改革。

2021年,政法系统开展教育整顿专项行动,拉萨海关缉私局将教育整顿工作做深做实作出长效。一是加强组织领导,确保教育整顿"起步快"。第一时间传达学习上级会议精神,成立了工作领导小组,围绕三个环节,制订教育整顿各阶段工作方案15个,撰写上报教育整顿各阶段工作报告、工作总结49份,项目化、清单化、责任化推动教育整顿有步骤、有重点地开展。二是抓好学习教育,确保教育整顿"基础实"。全面动员全员学,举办警示教育、观看电影、签订承诺书等活动30余场次。每周组织开展应知应会知识测试,学习心得体会分享等,营造"比、学、赶、超"的学习氛围。三是坚持开门整顿,确保教育整顿"氛围浓"。向24家当地执法单位征求意见以及在单位大门口设立征求意见箱的方式,广泛面向社会收集意见建议;制作7个方面83个项目的问卷调查表，共收集到意见建议58条。中央督导组十四小组副组长带队到拉萨海关缉私局实地督导时对拉萨海关缉私局教育整顿工作和教育整顿作出肯定评价。召开上下半年党风廉政建设例会，认真开展"三更教育""党史教育"及政法队伍教育整顿活动，每周五组织集中学习政治理论，党组成员讲授专题党课6次，举办"学悟知行+讲"党史微课堂，开展"奋进新征程 忠诚保华诞"主题党日活动，充分发挥党支部战斗堡垒作用。大力推动党的建设与中心工作深度融合，切实发挥党的建设优势。深化"四强"支部建设和党建品牌创建，聂拉木海关缉私局分局被评为"2021年度全国缉私部门基层党建品牌示范点"。

（撰稿人：旦巴江措　苏　赛　德吉央宗）

精准扶贫驻村工作

拉萨海关坚持以习近平新时代中国特色社会主义思想为指导，深入学习贯彻习近平总书记关于扶贫工作的重要论述，坚持把打赢脱贫攻坚战作为重大政治任务，在总署党委的大力支持、特殊关怀下，以海拔高、难度大，但脱贫攻坚决心更大，氧气少、挑战多，但脱贫攻坚办法更多的昂扬斗志，坚决扛起打赢脱贫攻坚战的政治责任，瞄准"两不愁三保障"，聚焦驻村"七项任务"，严格落实"四个不摘"，主动担当、真抓实干、尽锐出战，在西藏脱贫攻坚工作中唱响了海关声音、贡献了海关力量，让"金钥匙"在高原脱贫攻坚工作中熠熠生辉。

按照自治区统一部署，目前拉萨海关负责日喀则谢通门县卡嘎镇4个行政村的驻村扶贫任务，分别是查仓村、曲奴村、夏角村、陈木则村。距拉萨300多公里，平均海拔在4,000米以上，年平均气温在零度以下，自然条件十分恶劣，经济发展十分滞后。

高位推动抓统揽，构建齐抓共管、合力推进工作格局。在思想引领、组织领导方面，拉萨海关历届领导班子始终把打赢脱贫攻坚战作为重大政治任务，始终把习近平总书记关于扶贫工作的重要论述作为打赢脱贫攻坚战的根本遵循和行动指南。党的十八大以来，关党委通过党委理论学习中心组、"第一议题"制度等传达学习总书记关于脱贫攻坚重要论述40多次，领会精神实质，把握核心要义。自2018年8月新一届党委领导班子成立以来，及时调整脱贫攻坚工作领导小组，层层压紧压实责任，形成"一把手负总责、班子成员齐抓共管、扶贫办沟通配合、驻村队员当先锋"的"一盘棋"工作格局，为打赢脱贫攻坚战提供了坚强的政治保障。主要负责人自上任以来定期专题听取脱贫攻坚工作汇报，作出批示18次，对重点工作亲自部署、亲自抓，每年深入驻村扶贫点开展调研，找准短板弱项、解决实际问题、推动工作落实。

在建章立制、加强保障方面，坚持以党中央、国务院打赢脱贫攻坚战决定的实施意见为总纲，在全面贯彻落实总署党委出台的各项制度和自治区党委政府脱贫攻坚规划基础上，结合实际，制定出台《拉萨海关创先争优强基惠民活动工作队管理办法》《"十三五"期间拉萨海关科级以上干部结对帮扶工作方案》《关于加强驻村扶贫工作信息报送的管理办法》等，根据脱贫攻坚形势任务变化，及时梳理修订各项制度，为扎实推进脱贫攻坚工作提供了有力政策支撑。

在资金保障、人力支持方面，建立健全攻坚任务与资金相匹配的投入保障机制，统筹整合资金3,030.8万元，为扎实推进脱贫攻坚工作提供了财力支撑。把驻村扶贫作为培养人才的重要举措，选优配强脱贫攻坚工作队伍和力量，坚持在精准识别中鉴别识别干部，在精准帮扶中磨炼、锤炼干部，在精准脱贫中检验评判干部，先后精心选派56批421人次开展驻村扶贫（其中选派8人担任驻村第一书记），投入资金共计3,000余万元，实施扶贫项目50余个，实现16个驻村扶贫点脱贫摘帽。先后有14个工作队获评区、市、县级"先进驻村工作队"，52人次获评区、市、县级"驻村先进个人"。

一、精准施策促增收：全力推进菜籽油加工，海关产业扶贫项目落地落实

近年来，拉萨海关紧密结合产业发展特点和产业扶贫工作实际，合理安排扶贫产业项目和扶贫资金，努力挖掘驻村点农牧业资源优势，大力实施了油菜籽榨油、装载机、羊毛被加工厂、白绒山羊养殖基地、温室大棚、藏鸡养殖合作社、藏拉河采沙场、小型惠民超市等50余个产业项目，通过产业扶贫累计带动500余户建档立卡贫困户脱贫，受益农牧民群众达4,200人，稳步实现"两不愁三保障"，16个驻村扶贫点脱贫摘帽，实现扶贫方式从政策保障性扶贫向区域开发式扶贫的转变，促进贫困群众从单一种养"糊口"到产业就业增收的转变。

特别是2019年，在总署党委的领导下，总署企管司牵头拉萨海关及江苏省5家外贸企业共同投资220万元援建的西藏日喀则市卡嘎镇菜籽油加工海关产业扶贫项目落地生根。该项目作为海关系统首次探索进藏开展关企合作产业扶贫项目，拉萨海关党委高度重视，精心筹备，把菜籽油项目作为脱贫攻坚工作的重中之重全力推进，召开项目推进会部署安排13项任务，成立项目组专班负责推进，以产业促就业，以就业促脱贫，目前该项目已完成进度90%，预计9月底正式投产。建成后，可帮助卡嘎镇深度贫困群众获得偏远农牧区极度缺乏的非农就业渠道，预计将有4个村690户总计3,500名当地群众受益，真正变"输血"为"造血"，切实做到"扶真贫"和"真扶贫"。

二、发挥海关职能优势：利用技术"杠杆"担起脱贫攻坚重任

如何在这场脱贫攻坚战中贡献海关力量，如何将海关所具有的技术优势转化为

脱贫攻坚的内生动力，如何在服务地方经济发展中发挥海关系统的垂直管理优势和技术人才优势，是新一届拉萨海关党委站在全面建成小康社会的高度不断思考和破解的重要命题。拉萨海关立足西藏实际和海关优势，经过深入分析找到了脱贫攻坚的技术切入点，运用技术"杠杆"撬动民生保障和产业发展，运用技术力量实现脱贫攻坚由偏重"输血"向注重"造血"转变，由"大水漫灌"向"精准滴灌"转变，为打赢脱贫攻坚战找到了新的突破口，并从两方面发力：一是立足国家矿泉水检测重点实验室主阵地，围绕"两不愁、三保障"目标和西藏农牧区饮水安全，主动担当、积极作为，免费开展检测服务，助力健康扶贫。二是充分发挥技术中心作为西藏地区通过国家认可和资质认定项目最多的检验检测机构的优势，依托食品及食品原料型式检验的检测技术机构支撑平台，主动服务地方经济发展，助推全区企业提质增效。

聚焦农牧民群众饮水安全问题，在拉萨海关4个驻村点开展试点的基础上，着眼全区扩大范围，大力开展贫困地区农牧民群众生活饮用水检测，是技术中心把技术优势与脱贫攻坚紧密结合的民心工程。截至目前，累计为拉萨市、日喀则市2市6个县（区）检测生活饮用水水样共计275批次，减免费用近150万元，受益农牧民群众达10余万人。这项工作目前正在有序推进，拉萨海关技术中心将本着既尽力而为、又量力而行的原则，把技术服务转化为群众的获得感、幸福感、安全感，为全区打赢脱贫攻坚战输入了新鲜的"技术血液"。

"拉萨海关给我们免费检测后的水，老百姓喝得放心，这才是真正解决问题的好办法。"日喀则市谢通门县一名干部的话虽然很朴实，却代表了广大农牧民群众的心声。

三、大力开展消费扶贫行动，探索"三个模式"，搭建消费扶贫"直通道"

拉萨海关深入贯彻习近平总书记关于消费扶贫的重要指示批示精神，积极响应自治区总工会、扶贫办关于疫情防控工作中继续加大基层工会职工集体福利用于消费扶贫的力度助力打赢脱贫攻坚战的号召，积极创新工作思路、路径方法开展消费扶贫行动，为助力西藏贫困地区打赢脱贫攻坚战作出了积极贡献。

加强宣传推介。在关区范围内下发消费扶贫《倡议书》，组织发动广大干部职工下载安装、注册登录"公益海关"App，推动形成"人人参与消费扶贫、人人宣传消费扶贫"的良好氛围。加强统筹协调。制订《拉萨海关工会关于推动消费扶贫助力打赢脱贫攻坚战的方案》，动员林芝、日喀则、聂拉木、狮泉河等隶属海关积极参与，扩大贫困地区产品和服务消费。加强投入支持。

探索订单精准采购模式，根据干部职

工生活需要，详细列出采购商品种类、数量，委托后勤管理中心通过"一对一"服务模式，实施精准采购。探索"农超对接"直销模式，与拉萨市净土乳业有限公司、曲水县种养大户和建档立卡户签订购销协议，依托"工会会员超市"采购酸奶、清油、藏鸡蛋等优质农副产品，进行上架直销。探索工会大宗采购模式，结合机关食堂实际需要，认真研究制订蔬菜、牛羊肉、青稞、米等大宗农副产品购买计划，按月集中采购，持续推动消费扶贫。截至9月底，累计采购扎西雪酸奶、清油、鸡蛋、牛羊肉等农畜产品。

四、"志智双扶"齐发力，实现由"要我脱贫"到"我要脱贫"的转变

习近平总书记强调，扶贫要同扶智、扶志结合起来。脱贫攻坚战打响以来，拉萨海关把"扶志扶智"作为脱贫攻坚的立足点，把强化自主脱贫作为实现脱贫攻坚目标、巩固脱贫成果的治本之策，大力推进扶贫同扶志、扶智紧密结合，通过教育引导、增强脱贫主动性，更新观念，引导贫困群众树立自力更生、艰苦奋斗的思想，实现由"要我脱贫"到"我要脱贫"的转变。

通过定期入户走访、结对帮扶的方式，加大教育引导力度，充分发挥第一书记、驻村工作队和村党支部的作用，挨家挨户开展宣讲，激发贫困群众内生动力，千方百计为贫困群众找门路、想办法，心贴心、面对面地进行思想交流。同时，为切实处理好"管肚子"与"管脑子"的关系，以深入开展"四讲四爱"群众教育实践活动为抓手，大力宣传以习近平同志为核心的党中央的关心关怀和似海恩情，教育引导贫困群众，用勤劳的双手改变贫困现状，过好幸福生活。用好脱贫攻坚这个生动教材，教育引导群众惠从何来、惠在何处，自觉听党话、感党恩、跟党走。一系列实实在在的举措，让贫困群众逐渐摒弃"等靠要"的思想，心热起来、手动起来，实现从"要我脱贫"到"我要脱贫"的转变，达到物质与精神同步"脱贫"的良好效果。

（撰稿人：杨　勇）

第三篇

政治建设

党建工作

【概况】2021年，拉萨海关党委围绕党建高质量发展的主题，突出庆祝中国共产党成立100周年，扎实开展党史学习教育，推动巡视整改等重点任务。统筹开展"三更"专题教育，压实党支部党建主体责任，压实党支部书记"第一责任人"责任，压实直属机关党委落实党建工作专责机构责任，持续开展"四强"支部创建，深入开展党建品牌创建，全面抓实党建制度创建。通过抓实"两个教育"、压实"三个责任"、推进"三项创建"，在宣传思想文化方面补短板强弱项，在基层党建和党风廉政建设方面层层压实责任，多措并举推进关区党建工作再上新台阶。

【宣传思想文化工作】2021年，拉萨海关坚持学传结合赓续血脉。深挖用好高原海关红色资源，向全国海关作"学史·铸魂"——弘扬"老西藏精神"红色讲坛宣讲，拍摄《雪山不语 大爱无疆》《唱支山歌给党听》微视频，编排《一封家书》情景剧，区内70余家单位前来关史馆开展沉浸式教学。实施边关22条措施、凝心聚力16项举措、"五小"工程、"生命工程Ⅱ"4件实事，开通高原边关暖心直通车。党史学习教育成果被央视《新闻联播》、《人民日报》等报道10余次，总署和自治区采用信息新闻稿110篇。在文化建设中，《执守世界之巅》教学成果获党的十九大以来海关优秀教学成果特等奖，《镌刻在国门上的忠诚》高原海关篇在钉钉平台展播，文创产品被推荐至中央文明委。

▲2021年7月9日，开展"道远且艰 笃行则安"——中国共产党领导下的西藏人民海关筹建故事会

【基层党组织建设】2021年，拉萨海关以党的政治建设为统领，坚持"围绕中心抓党建、抓好党建促业务"，深化基层党建"强基提质工程"，在全力走好"第

一方阵"上取得新成效。关党委班子成员带头落实"三会一课"、双重组织生活、旁听隶属关党委中心组学习等制度，并讲授专题党课。直属机关党委落实党建工作专责，加强对关区党建工作的研究推动，直属机关党委委员分片区对35个党支部开展"四强"支部、支部标准化建设考核。研究发展预备党员8名、预备党员转正5名，培养入党积极分子12名，调整直属机关党委委员分工和机关纪委书记。2021年区直机关党建考评中拉萨海关评定等次为"好"。

【党风廉政建设】2021年，拉萨海关明确2021年全面从严治党重点任务28项，深入推进主体责任清单落实落地。关党委定期研究分析全面从严治党工作，每半年听取关区全面从严治党工作和意识形态工作报告，每半年召开全面从严治党暨党风廉政建设工作例会。党委书记带头履行全面从严治党"第一责任人"职责，党委员通过下基层调研、开展廉政工作谈话等方式，推动主体责任落实落地。坚持"节前教育、节期检查、节后通报"机制，紧盯酒驾醉驾等违纪违法问题，并针对子女考录，以"升学宴""过林卡""欢送会"形式借机敛财等问题强化监督。统筹纪检监督、巡察监督、干部监督、派驻监督、审计监督力量，通过交叉检查、跟班作业等方式开展监督检查，增强针对性实效性，实现为基层减负。按照"四个融入"要求，坚持政治、责任、问题、结果、系统"五个导向"，用好"五面镜子"坚决抓好巡视整改。巡视反馈的39个问题中"立行立改"的30个问题、89项整改措施已全部落实，需中长期整改的9个问题、13项措施均取得较好进展并持续推进。研究制定《中共拉萨海关委员会关于贯彻落实巡视巡察上下联动的具体措施》《拉萨海关党委巡察干部选派管理考核办法（试行）》，动态调整优化巡察"两库"人员，5名干部参加总署党委巡视工作。围绕"三个聚焦"采取常规巡察、巡察"回头看"方式对13个单位部门开展政治巡察，提前1年完成本轮巡察全覆盖，政治巡察监督质效进一步提升。

【青年理论武装】2021年，拉萨海关按照海关总署党委和自治区党委的部署，抓好青年理论武装，建立了"抗缺氧·强信仰"青年理论学习小组，组织开展上百次集中学习和研讨活动，全关上下形成了"比学理论·比强信仰"的浓厚氛围，突出了"抗缺氧·强信仰"的海关特色品牌，获评区（中）直机关青年理论学习小组示范点。关党委专题研究审定学习小组的工作方案、具体措施，将开展青年理论学习作为党建工作的重要内容。关党委员根据工作分工分别担任小组不同学习方向的指导老师，结合赴基层党支部、执法一线科室调研，深入学习小组进行指导督促。关党委站在全面贯彻习近平总书记关于加强青年干部培养重要指示批示精神的政治高度，从持续高质量推进高原海关发展、为高原海关事业培养具备一定政治理论水平青年干部的发展角度，创办了青年党校并精心安排培训课程，成为青年理论学习的特色课堂、培养考察识别干部的重要平台。探索形成了"五五学习节""读学悟+讲"读书班等高原海关"抗缺氧·强信仰"青年理论学习品牌，并因地制宜创设了"习语晨读""梨树下的信仰""国门党建方舱""红色文化小院""边关520"（每周5天、每次20分钟）等特色子品牌，增强了学习效果，丰富了"抗缺氧·强信仰"的品牌内涵。依托党员阳光活动室等阵地，利用工作日午休时间，分批开展"理论充电1小时"读书行动，举办"学党史、强信念、跟党走""强国有我·请党放心""执守世界之巅"等专题团课，交流学习心得，感悟思想伟力。利用"学习强国""青年大学习""钉钉"等新媒体平台，组织学习精品网络理论课程，在"雪域关情"微信公众号开辟"百年党史高原海关微课堂"。

【民族团结进步工作】2021年，拉萨海关深入贯彻新时代党的治藏方略和中央民族工作会议、中央第七次西藏工作座谈会精神，在铸牢中华民族共同体意识方面绵绵用力、久久为功。加强对习近平新时代中国特色社会主义思想尤其是习近平总书记关于民族工作、西藏工作重要论述的学习，深化对中央民族工作会议和习近平总书记"七一"重要讲话精神、考察西藏时的重要讲话精神、中央第七次西藏工作座谈会精神的学习贯彻，不断强化干部职工的民族团结进步意识。不断加强干部职工的民族团结政策教育，引导党员干部职工进一步铸牢中华民族共同体意识，牢固树立正确的国家观、历史观、民族观、文化观。加强民族团结进步模范示范单位建设的统筹，制发《关于创建民族团结进步模范单位的通知》，从开展普法教育、设立民族团结工作窗口等10个方面协调推进。推进"一关一品""一支部一品牌"等创新工程，深挖基层民族团结"热源"。开展民族团结知识竞赛、"四季大练兵"等活动，丰富边关精神和民族团结内涵。退休老干部编排的MV《唱支山歌给党听》在央视频发布。以"奉献、友爱、互助、进步"的志愿者精神为引领，在全关有序开展既服务社会大众、又服务各族群众的志愿服务活动，如开展"守护第三极、建功新时代"环保徒步、"走进加措社区、服务身边邻里"志愿帮扶等公益志愿服务活动，深入本地民族企业生产一线，为企业做技术指导和信息宣传服务，帮助企业和广大群众解决遇到的实际困难，切实增强干部职工的奋斗精神、奉献意识和民族团结意识。

【"三更"专题教育】2021年，拉萨海关根据自治区党委统一部署，结合党史学习教育集中开展"政治标准要更高、党性要求要更严、组织纪律性要更强"专题教育。对标政治标准要更高的要求，加强政治机关建设，同步开展"四史"教育。

落实"铸牢中华民族共同体意识"专题教育和"中华民族一家亲,同心共筑中国梦"主题宣传,组织全体干部职工参加由中央党校教授主讲的"铸牢中华民族共同体意识"专题培训,组织观看歌颂西藏民主改革和西藏发展成就特别是以反映党的十八大以来西藏发生巨大变化为主要内容的优秀舞蹈剧、话剧等。对标党性要求要更严的标准,加强党员干部党性教育,通过"新老"结对开展"薪火传承"活动,传承"老西藏精神"的红色基因,用"老西藏精神"滋养青年干部党性,老干部根据亲身经历为年轻同志进行爱国主义教育、民族团结教育、艰苦奋斗教育。在西藏百万农奴解放纪念日、中国共产党成立100周年等重要时间节点,组织关区同步开展"升国旗·唱国歌"活动,注重突出爱国主义教育的仪式感。对标组织纪律性要更强的要求,结合准军事化纪律部队建设加强党规党纪和反分裂斗争教育,组织好走访排查、谈心谈话,确保在反对分裂、维护祖国统一、加强民族团结等"国之大者"问题上与党中央保持高度一致。

【准军事化建设】2021年,拉萨海关围绕准军事化海关纪律部队建设"十六字"要求,持续实施"四季准军高原大练兵",即春季"安全使命"准军集训季、夏季"高原卫士"业务练兵季、秋季"极地点兵"比武展示季、冬季"缺氧对抗"准军拉练季。聚焦政治坚定,结合开展党史学习教育和"政治标准要更高、党性要求要更严、组织纪律性要更强"专项教育,深入学习贯彻习近平总书记"七一"重要讲话精神和考察西藏时的重要讲话精神,开设处级干部读书班,开展拉萨海关青年党校第三期培训,建立"糌粑团团"青年读书沙龙。开展"请党放心,强国有我"准军拉练活动,在活动中举行习近平总书记"七一"重要讲话精神知识竞赛,以赛促学。开展"学党史、严纪律、树形象"全员理论知识测试,引导干部职工熟知熟记各项要求,做到知行合一。推广应用拉萨海关"高原准军视觉识别系统",开展"标准工位"建设,坚持"日点名、周训练、月督察""点名道姓通报和流动红旗"等常态化准军建设制度。举办4月内务规范强化月活动,组织各单位部门重温《海关内务规范》,观看内务规范示范片,修订印发《拉萨海关内务督察规定》,在"4·15"全民国家安全教育日结合党史学习教育开展总体国家安全观宣讲活动。围绕巡视整改,开展为期一个月的准军纪律规范专项整治行动。加强对办公场所吸烟、控烟的督察,被自治区命名为无烟党政机关。统筹开展警示教育月活动,召开警示教育大会、组织观看《党史中的清廉故事》专题片、参观拉萨廉政警示教育基地,组织开展多种形式特色主题党日活动,始终保持严禁酒驾醉驾高压态势。聚焦担当奉献,组织国旗班进行专训专练,在元旦、"3·28"西藏百万农奴解放纪念日、国际劳动节、国庆节举行升国旗仪式。在全关开展线上思想动态调研，准确客观掌握干部职工思想、工作、学习、生活状况，引导广大关员增强政治意识和全局观念，铸牢中华民族共同体意识，增强团结意识和协作精神。

▲2021年2月18日，机关党委开展"登高致远望故乡，攀峰逐梦开新局"春节登山远足活动

【工会工作】2021年，拉萨海关落实"就地过年"有关工作要求。按照拉萨海关党委的安排部署，协同机关党委、后勤管理中心从讲政治高度统筹做好节日期间走访慰问和节庆活动，突出民族团结一家亲这一主题，使留藏过年的干部职工度过了一个欢乐祥和、殷实有趣、健康安全的藏历新年，同时工会会员超市上新100多种年货供职工选购，让大家充满获得感、幸福感。制定关超驿站、健身房、洗衣房、文体活动室等管理规定，最大限度保障边关"五小"工程正常运转，为干部职工提供优质服务。联合机关党委举办"垦荒种地·深植信仰"支部责任田评比活动，通过评比展示各党支部"耕读"成果，充分体现拉萨海关干部职工在传承与弘扬"延安精神""南泥湾精神""老西藏精神"中感悟伟大建党精神的特质。组织参加"中国梦·劳动美——永远跟党走奋进新征程"全区职工演讲比赛和西藏自治区区（中）直单位第六届全民健身运动会，进一步培养干部职工做到德智体全面发展。组织全体工会会员参加自治区总工会2021年度重大疾病互助保障活动。就优化全关干部职工健康体检工作与西藏阜康医疗股份有限公司达成协议，为干部职工体检提供优质服务。

【妇委会工作】2021年，拉萨海关举办"纪念建党100周年再现巾帼风采"庆祝"三八"国际妇女节活动，组织全关妇女干部参观"历史的见证——西藏和平解放70周年纪念展"、"两路"精神纪念馆、日喀则市革命烈士纪念馆、百万农奴解放纪念馆等，进一步从红色基因中汲取奋进的力量；组织妇女职工学习烘焙技能活动，制作水果蛋糕，丰富文化娱乐生活，

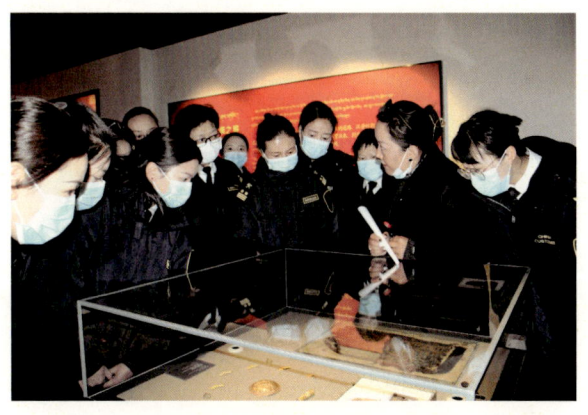

▲2021年3月8日，机关党委、妇委会组织妇女同志参观"历史的见证——西藏和平解放70周年纪念展"

培养团结协作能力；组织妇女同志开展党史学习教育分享交流会活动，参加唱红歌——《再唱山歌给党听》的活动，拍摄《唱支山歌给党听》微视频等，深化党史学习教育，引导妇女干部跟党奋进新征程，巾帼建功新时代。组织开展"两癌筛查"健康检查，关心关爱女同志身体健康。

（撰稿人：加永拉措　索朗次仁　郭　雄）

巡察工作

【概况】2021年，拉萨海关党委巡察工作坚持以习近平新时代中国特色社会主义思想为指导，深入学习贯彻习近平总书记关于巡视工作重要论述和党中央关于巡视巡察工作新精神新部署，坚决贯彻落实总署党委关于深化政治巡察的工作要求和全国海关巡察工作推进会精神，结合党史学习教育和"政治标准要更高、党性要求要更严、组织纪律性要更强"专题教育，立足巡视整改"五个导向"原则，压实"两个责任"、狠抓整改落实，结合实际推进巡察工作，提前1年完成5年巡察全覆盖工作目标。

【组织领导】2021年，拉萨海关强化党委主体责任，年内召开4次党委会专题学习习近平总书记关于巡视工作重要论述、党中央关于巡视巡察工作新精神新部署和全国海关巡察工作推进会精神，贯彻落实加强"一把手"和领导班子监督、巡视巡察上下联动等工作要求，研究制定《拉萨海关党委关于加强对"一把手"和领导班子监督工作责任清单》《中共拉萨海关委员会关于贯彻落实巡视巡察上下联动的具体措施》《拉萨海关党委巡察干部选派管理考核办法（试行）》《拉萨海关党委2021年巡察工作方案》。强化领导小组组织实施责任，年内组织召开2次领导小组会议，对照推进会上总署巡视办指出的4方面13项问题逐项自查分析关区巡察工作开展情况和薄弱环节并提出具体改进措施，逐一听取13个单位部门被巡察情况并做到"点人、点事、点问题"，紧扣巡前动员、巡察培训、巡中指导、巡后反馈4个关键环节直接抓、具体抓、抓到底，每周召开例会听取进展汇报、专题研究部署、推动工作进度，并做到重要问题随时研究，提出工作意见及成果运用意见12条。巡察工作部门从巡察监督重点、巡察报告撰写规范、巡察监督流程等开展巡前培训，建立了巡察常见问题清单，配发《拉萨海关巡察工作手册》，推动巡察工作高效开展。年内，共组建3个巡察组采取常规巡察、巡察"回头看"方式对9个内设部门、3个事业单位、1个隶属海关开展1轮政治巡察。

【政治巡察】2021年，拉萨海关围绕

"三个聚焦"和不同巡察对象职能责任，把党史学习教育、"三更"专题教育开展情况列为重要监督内容，结合2021年总署巡视反馈的4方面39个问题、全国海关党建工作专题培训指出的9个方面问题、《拉萨海关党委关于加强对"一把手"和领导班子监督工作责任清单》，研究细化形成16个方面83项检查内容，作为巡察组查找问题的有力参考。建立健全巡察工作组织保障、协作配合、流程规范3大类18项制度，提供样表8份，不断提高巡察工作的严密性、有效性，确保各环节工作有章可循、有序运行。年内巡察发现问题102个，其中共性问题49个、突出问题53个。严格落实精准发现问题、精准报告问题的要求，对13份巡察报告以及涉及102个问题的所有底稿材料、121条个别谈话记录进行全面审核，书面反馈修改意见71条，提升巡察报告质量，特别是在巡察报告中将"一把手"履行第一责任人职责和廉洁自律情况单独列出，提出整改意见和要求并向"一把手"正式反馈。坚持"打铁必须自身硬"的原则，动态调整优化"两库"人员组成，将新提任处、科级领导干部、执法一线科长等统一纳入，确定组长库19人、队伍库54人，推荐选派5名干部参加总署党委巡视工作。向总署巡视办报送的"关于提升巡察发现问题能力的思考"课题研究报告获得优秀奖。

【整改落实】2021年，拉萨海关党委巩固压力传导机制，压紧压实整改责任。巡察工作领导小组副组长、成员出席巡察反馈会，督促被巡察单位部门严格履行巡察整改主体责任和主要负责人"第一责任人"责任，按照"四个融入"要求狠抓整改落实，将整改重点从抓好整改任务落实向有效解决问题转变。建立整改评估机制，扎实推动以巡促改。针对巡察发现重点问题，落实监督执纪"四种形态"特别是"第一种形态"要求，年内关党委委员对被巡察单位"一把手"和领导班子成员开展谈话提醒20人次，及时进行教育提醒、"红脸出汗"，进一步强化领导班子政治建设。完善问题通报机制，一体推进以巡促治。分线条梳理汇总巡察发现的普遍性、倾向性问题，向分管关领导汇报、向有关职能部门通报。年内向职能部门通报巡察发现共性问题3类、突出问题7类，相关职能部门履行整改职能监督职责，推动共性问题一体整改、突出问题专项整治，统筹推进监督贯通融合。年内巡察反馈102个问题，制定整改措施312项，已整改完成87个问题，整改完成率达85%。

（撰稿人：杨 勇）

纪检监察

【概况】2021年，拉萨海关党委纪检组深入贯彻落实习近平新时代中国特色社会主义思想，切实发挥监督保障执行，促进完善发展作用，始终全面从严、一严到底，始终锲而不舍、一以贯之，一刻不停正风肃纪反腐，推动纪检监察工作高质量发展，为高原海关高质量发展提供坚强纪律保障。健全完善纪检监察工作制度机制。制定《拉萨海关党委派驻纪检组工作考核办法（试行）》，认真落实《驻署纪检监察组关于进一步规范"组地关"协作配合工作的意见》，加强与自治区纪委监委沟通配合，推动将拉萨海关纳入地方纪检监察业务培训范围，举办纪检监察业务专题培训班。从严从实加强自我监督约束。带头执行制度要求，接受关区各单位部门干部监督，筑牢"防火墙"、严防"灯下黑"，锻造高原纪检监察铁军。

【监督检查】2021年，拉萨海关把政治建设摆在首位，从"五个方面"强化政治监督。监督对标对表"齐不齐"。以"一把手"和领导班子等"关键少数"为重点，围绕贯彻落实习近平总书记重要指示批示精神和党中央重大决策部署，对党史学习教育、疫情防控、加强"一把手"和领导班子监督、巡视巡察整改等工作，开展政治监督30余次，制发监督建议书37份。监督纪律作风"硬不硬"。立足西藏实际和关区特点，对维护稳定认识模糊和态度暧昧等违反政治纪律问题进行监督。监督政治生活"严不严"。把领导班子民主生活会、组织生活会的严肃性作为政治监督的重要内容，尤其是对"一把手"带头开展批评和自我批评，监督党委会研究"三重一大"事项79项。监督政治责任"牢不牢"。协助关党委细化对"一把手"和领导班子监督工作61项任务，研究制定党委纪检组加强对"一把手"和领导班子监督具体举措36条。每半年分析各级党委班子成员履职尽责和廉洁自律情况。督促党委会研究全面从严治党、党风廉政建设和反腐败工作25次，党委纪检组组长和派驻纪检组与同级班子成员开展廉政工作谈话44人次，约谈部门主要负责同志1人。监督政治生态"好不好"。坚持盯紧盯细，防止反弹。在紧盯酒驾醉驾、赌博等违纪违法问题的同时，针对以"过林卡"形式，举办"欢送会"借机敛财等问题强化监督。坚持真查实查，主动"挑刺"。充分运用每周疫情防控会商机制，发挥"挑毛病"专家组作用。指导派驻纪检组开展派驻监督，统筹纪检力量，通过交叉检查、巡察、跟班作业等方式开展监督检查，既增强针对性实效性，又为基层减轻负担。

【执纪问责】2021年，拉萨海关坚持无禁区、全覆盖、零容忍，从"三个角度"因地制宜、对症下药。以"零容忍"态度坚决执纪问责。查处违纪违法案件1起，给予组织处理和党纪政务处分5人次。推动关区召开警示教育大会2次，纪法和廉政警示教育194次。以"零距离"做法拓展问题线索渠道。共受理信访举报12件，办理问题线索6件。以"零事故"要求保障审查安全。细化执纪安全和保密工作实施方案，开展"走读式"谈话安全风险防控预案，狠抓风险预防，规范各环节审查流程，守住了不发生审查安全事故的底线。

【以案促改】2021年，拉萨海关深刻把握以案促改对推进清廉海关建设、一体推进"三不腐"的重要意义，以强烈的政治责任感认真做好以案促改工作，准确把握党委、案发单位、职能部门工作责任，尤其是纪检监察机构要履行好以案促改监督责任，做好"查办案件"的"后半篇文章"，持续"不敢腐"的震慑。坚持"一案一分析"工作机制，灵活运用"两份建议书"（纪律检查建议书、监督建议书），综合运用多种形式，加强以案促改工作监督，以具体问题治标推动制度机制治本，扎牢"不能腐"的笼子。坚持用好监督执纪"四种形态"尤其是"第一种形态"，对2名处级干部予以党纪政务处分并及时召开警示教育会、以案促改，综合发挥惩治震慑、惩戒挽救、教育警醒的功效，引导干部职工明纪法、知敬畏、存戒惧、守底线。

【专项工作】2021年，拉萨海关按照总署党委和驻署纪检监察组部署，开展"现场监管与外勤执法权力寻租"专项整治。党委纪检组坚决履行监督和协助职责，推动关区各级党委和职能部门落实主体责任。部署上不留盲区。第一时间成立党委书记任组长、党委委员任副组长、9个单位部门为成员的领导小组，各隶属海关建立相应的组织领导机制，细化5个阶段32项工作任务，公布三级举报电话，制定工作任务分解表和思维导图。落实上不留余地。党委书记专题听取相关部门工作汇报，掌握工作进展。党委纪检组召开6次专项整治工作推进会，协助关党委走访调研注册备案企业20家，对10个隶属海关单位、7个业务职能部门和3个事业单位开展调研和监督40余次，督促各单位部门开展3轮廉政风险自查，梳理风险点58个，确定重点关注对象1人、重点关注单位61个。通报撰写心得体会质量不高的7

个单位部门和16名关员，制发监督建议书7份，对主要负责人进行提醒谈话。加强信息报送，被专项整治工作专刊采用4篇。专项整治工作被人民网、新华网等多家媒体报道。整改上不留死角。关党委坚持巡视反馈问题整改与专项整治整改一体推进，党委纪检组坚持立足当前和着眼长远并重，细化整改问题82项，提出整改措施128条，督促对56项问题立行立改，着眼长远抓好26项长期整改事项，已完成24项。坚持健全机制与强化执行并重，注重完善长效机制，建章立制21个，修订39个，汇编制度2册。

（撰稿人：于宽辉）

队伍管理

【概况】2021年,在总署党委的坚强领导下,拉萨海关党委深入践行新时代党的组织路线,深入学习贯彻习近平总书记对干部人事工作和人才工作的重要指示批示精神,加强长远规划,健全工作机制,科学精准选贤举能,不断优化各级领导班子队伍,大力培养选拔优秀年轻干部,切实抓好后继有人这个根本大计,服务党和国家工作大局,坚决筑牢口岸疫情防控防线,为关区统筹推进疫情防控和促进外贸稳增长提供坚强组织保障。截至2021年年底,拉萨海关共有干部职工482人,其中海关公务员390人、事业单位人员29人、工人4人、缉私警察45人、援藏干部14人。

【选拔任用】2021年,拉萨海关始终把政治标准放在首位,深入考察识别干部的政治忠诚、政治定力、政治担当、政治能力、政治自律,注重干部工作实绩和群众反映,把政治上信得过、靠得住的好苗子选出来、用起来,把两面人识别出来、清除出去。坚持墩苗育苗,坚持好干部标准,坚持德才兼备、以德为先、五湖四海、任人唯贤,坚持正确选人用人导向,着力建设忠诚干净担当的高素质专业化干部队伍,坚持在改革发展主战场、海关业务主阵地、疫情防控第一线、服务群众最前沿对优秀年轻干部进行递进培养,开展干部交流11人次。根据总署安排,与拱北海关开展3名执法一线科长的互派锻炼工作,让优秀年轻干部前往沿海经济发达地区"拓视野、强本领、长才干"。给年轻干部早压担子、多压担子,增强抗压能力,在斗争中学会斗争、在斗争中成长提高,做到敢于担责、善于担难、勇于担险。印发拉萨海关技术中心、保健中心岗位设置及聘任实施方案,启动7人聘任职级晋升工作。设置专业技术类岗位40个,首批纳入专业技术类公务员分类管理29人,15人获评高级任职资格;新招录公务员30名,接收安置地方军转干部1人,公务员转事业编制1人,多源头引进人才。关区35岁以下科级领导干部占总人数的64.6%,45岁以下处级领导干部占总人数的32.2%,后备干部呈现出结构合理、数量充足的良好局面。坚持正向激励,落实总署支持"艰苦地区边关22条"措施、执法一线科长建设各项措施和公务员职务与职级并行制度，持续完善隶属海关"五小"暖心工程，不断增强一线干部物质保障水平。组织关区全体干部职工进行体检，对疫情防控一线人员增加体检次数，对体检情况进行分析。开展8名处级领导干部、2名科级领导干部的选拔任用和5名二级巡视员（督办、二级主管），32名一至四级调研员（高级主办、高级主管）、67名一至四级主任科员（主办、主管）的职级晋升工作，选拔2名执法一线科长任隶属海关党委委员，关区职级职数总体使用率提高12.6%，各层次职级职数使用率最高提高40%，22%的隶属海关有执法一线科长任党委委员。切实保障"同城同待遇"，完成拉萨海关干部职工养老保险属地化统筹相关工作，关区干部干事创业和守边奉献"有盼头、有劲头、有奔头"。充分发挥考核"指挥棒""风向标""助推器"作用，不断优化量化考核指标，细化指定符合关区工作发展需要的5大类100条指标，对关区各单位部门工作进行全方位体检，发现问题及时通报，在评先选优、职务职级晋升时优先考虑量化考核优秀的单位部门。将精神激励作为激励干部担当作为的重要抓手，对2021年表现突出的15个集体、114个个人授予奖励，为关区符合条件人员申报艰苦边关金质荣誉奖章12人、银质荣誉奖章7人、铜质荣誉奖章15人。

【干部调配】2021年，拉萨海关强化保障疫情防控队伍，全面摸清医护专业背景和具备卫检工作经验人员底数，建立一线、预备和应急三个梯队，组织疫情防控专题培训31期、1,683人次参训，20人取得采样岗位能力及防护技能培训合格证书，5人取得核酸检测资质，47人取得流行病学调查资格。选派10批次56名干部赴疫情防控第一线实战锻炼，充实一线防疫力量。强化疫情防控措施制度，坚决把思想和行动统一到习近平总书记重要指示批示精神和党中央、国务院重大决策部署上来，提高政治站位，强化责任担当，及时调整防控要求，严格出差出行审批，年内共下发内部防控通知10份，开展全员排查6次，累计排查近1万人次；采取"四不两直"方式对关区各单位部门疫情防控工作开展监督检查6次，下发各类问题通报4份，引导广大干部克服麻痹思想、厌战情绪、侥幸心理和松劲心态。

【干部管理监督】2021年，拉萨海关完善管思想、管工作、管作风、管纪律的从严管理机制。把握政治"着力点"，坚持把政治监督摆在首位，发挥政治监督"祛病除疴"的利刃作用，推动各级干部认真贯彻落实习近平总书记重要指示批示精神和党中央重大决策部署，切实做到令行禁止。划出严管"警戒线"，坚持教育在先、警示在先、预防在先，充分利用好监督执纪"第一种形态"，年内共开展提醒谈话11人次，坚持抓早抓小、防微杜渐，加强日常了解，及时发现苗头性倾向性问题。用好查核"显微镜"，把领导干部个人有关事项报告抽查核实结果作为评价识别领导干部是否忠诚老实、是否清正廉洁的重要依据，在中组部相关要求的基础上，结合西藏工作实际，增加必须填报事项，2021年如实报告率100%。念好纪律"紧箍咒"，坚持把对干部的纪律监督延伸到"8小时以外"，划出纪律红线，对不遵守政治纪律和政治规矩的干部坚决不用、严肃处理。积极开展违规投资企业及在企业兼职问题专项整治，实现关区此类问题清零。

【教育培训】2021年，拉萨海关深入开展党史学习教育和"政治标准要更高、党性要求要更严、组织纪律性要更强"专题教育，通过"线上读书班""青年党校"等载体，组织理论专题培训23期次，培训1,692人次，引导干部传承红色基因、永葆政治本色，进一步增长智慧、增加信心、增强斗志，不断提高政治判断力、政治领悟力、政治执行力。注重加强干部专业培训和实践历练，常态化开展集中轮训、专题培训、重点调训，组织"高原e课堂"培训28期、2,326人次参训，海关业务自主专题培训39期、606人次参训，帮助干部有针对性地补短板、强弱项，使其知识体系、专业能力与形势发展相适应、与岗位要求相匹配。

（撰稿人：高富国）

离退休干部管理

【概况】2021年，拉萨海关离退休干部办公室在总署党委和拉萨海关党委坚强领导下，始终坚持以习近平新时代中国特色社会主义思想为指导，深入学习贯彻习近平总书记"七一"重要讲话精神、在西藏考察时重要讲话精神，深入学习贯彻党的十九大和十九届历次全会精神，坚决捍卫"两个确立"、坚决做到"两个维护"，推动"三项建设"取得新成效。关区退休干部197人，其中党员138人；汉族70人，藏族125人，纳西族1人，门巴族1人；80岁以上6人，70~79岁23人，60~69岁82人，59岁以下86人；行政人员176人，事业人员21人；厅局级25人，县处级92人，科级及以下38人，工人21人；事业单位：正高（副厅级待遇）1人，处级7人，科级2人，工人11人。

【服务管理】2021年，拉萨海关用心用情服务，为做好老干部工作提供精准保障打造宣传平台，坚持正向引导。建立支部委员+群众微信群，推送3,300多条学习资料及重大时事新闻，鼓励老干部在群内分享正能量信息，使老干部能够及时了解、支持和参与拉萨海关工作。引导老干部当好"老西藏精神"传播者，大力弘扬艰苦奋斗的优良传统，邀请老海关、老先进、老党员开展"忆初心活动"。听老党员讲述雪域高原边关红色故事主题党课，接受媒体采访宣传。组织老同志开展主题征文、制作红歌微视频、访谈、征集书画摄影等系列活动，积极向总署上报红歌微视频、访谈1人、6篇主题征文和一幅摄影作品。1名退休党务工作者被评为"拉萨海关2021年度优秀党务工作者"。精心设计活动，激发参与热情。在网上组织开展党史、疫情防控相关知识的学习，组织老干部参观西藏百万农奴解放纪念馆、拉萨海关关史馆等，进一步增强学史明理、学史增信、学史崇德、学史力行。广泛动员老干部参加"我看建党百年新成就"调研活动，组织老干部召开小型座谈会，原汁原味记录老同志的心声和意见建议，向总署报送老干部感言建言6篇、工作信息26篇。制作老干部《唱支山歌给党听》红歌微视频，视频被总署门户网站等平台采用。推动精准服务，做好走访慰问工作。

坚持"重大节日、生病住院必访、家中发生大事必访"制度，累计走访慰问200余人次；对3名"中华人民共和国成立70周年"纪念章获得者、2名"光荣在党50年"纪念章获得者、8名老党员、4名老干部、3名生活困难党员、1名因公殉职党员家属等进行专门慰问并发放慰问金。紧盯退休人员的揪心事、烦心事主动作为，把矛盾化解在萌芽状态，引导退保干部采用合理合法的方式表达诉求，做好政策宣传解释工作，全年共受理老干部来信来电来访300余次，均得到妥善解决。

【离退休干部党建工作】2021年，拉萨海关党委高度重视离退休干部党支部建设，按照"利于活动、便于管理、应建尽建"原则，设立3个离退休党支部（拉萨2个离退休党支部和成都离退休党支部），实现组织建设网格化、全覆盖，确保离退休党员离岗不离党、流动不流失。选拔党性强、威信高、身体好、经验足的老同志担任支部书记和委员，建强党建工作骨干队伍。按照便于开展活动、因地制宜的要求建立健全离退休党支部党建活动阵地，拓宽老干部精神文化生活平台。以政治建设为统领，推动"三项建设"取得新成效。充分发挥老干部活动中心阵地作用，加强政治理论学习，组织开展党史学习教育，通过线上线下学习、讨论会等形式掀起学习贯彻党的十九届六中全会精神热潮。邀请老干部参加2021年拉萨海关工作会议、拉萨海关"两优一先"表彰大会暨"光荣在党50年"纪念章颁发仪式，举办"百年传承——红色精神代代传"主题活动，邀请退休老同志、首批进藏建关干部后代讲述拉萨海关光荣历史和先辈事迹。

（撰稿人：央　琼　斯朗措姆）

第四篇

业务建设

法治建设

【概况】2021年，拉萨海关按照全国海关法治工作会议部署，深入贯彻《法治中国建设规划（2020—2025）》《法治政府建设实施纲要（2021—2025）》《法治政府建设实施纲要》精神，认真落实《"十四五"海关发展规划》《"十四五"海关法治建设规划》，突出"五关"建设中"依法把关"要求，促进关区严格规范公正文明执法，锤炼高素质专业化法治队伍，强化法治监督，增强普法实效，推动拉萨海关法治建设高质量发展。

【学习贯彻习近平法治思想】2021年，拉萨海关深入学习贯彻习近平法治思想，将学习习近平法治思想工作常态化，作为拉萨海关青年党校和干部教育培训重点课程，做到融会贯通、知行合一，坚持以法为据、以理服人、以情感人，坚持把严格规范执法放在第一位，敢于担当、秉公执法、不枉不纵，不断提高自身执法水平和执法公信力，依法履行好宪法法律赋予的法定职责，维护好社会主义法治权威。以巡视巡察整改为契机，坚持问题导向、坚持动真碰硬、坚持注重实效、坚持充分履职，将习近平法治思想学习好、贯彻好、落实好，充分运用新时代"枫桥经验"助力社会治理，持续提升依法把关履职能力，更好回应人民群众对海关法治工作的新要求新期待。

▲2021年12月2日，狮泉河海关召开边境普法工作会议

【法治建设"第一责任人"职责履行】2021年，拉萨海关严格落实《党政主要负责人履行推进法治建设"第一责任人"职责规定》，切实履行机关党委在法治海关建设中的领导作用，党政主要负责人听取法规工作汇报3次，分管领导听取法规工作汇报11次。坚持普法与关区中心工作同部署、同频共振，强化组织推动、督促指

导职能，印发关区年度法治建设工作要点，成立以党委书记、关长为组长的拉萨海关普法工作领导小组，形成主要领导亲自抓、分管领导具体抓、职能部门盯住抓的工作格局。着力压实普法责任、创新普法机制，不断提升法治宣传教育工作质效。强化系统观念，构建大普法工作格局，把方方面面的积极性调动起来，形成"一盘棋"，奏响"大合唱"，树立服务为本理念，在普法过程中强化服务意识，用心用情用力服务，深入分析掌握关区群众法治需求，以群众视角和群众语言开展精准普法，开展对象化、分众化法治宣传教育，打通普法"最后一公里"，推动关区普法工作由"大水漫灌"向"精准滴灌"转变，让普法沉下去、暖起来。组织开展人民群众喜闻乐见、易于接受的法治宣传教育，通过动人情、暖人心的普法宣传，寓宣传教育于管理服务之中，教育引导人民群众尊法学法守法用法，通过解答人民群众"急难愁盼"的法律问题，推动海关法治理念内化于心、外化于行。用好用活新媒体新技术，以互联网思维和全媒体视角开展智慧普法，建设融"报、网、端、微、屏"于一体的全媒体海关法治传播体系，让普法传开来、热起来，深入开展以案普法，推动旁听庭审常态化，持续提炼普法品牌，组织公职律师、普法讲师团、行政执法人员等对相关案例进行深入解读，使之成为全民普法的公开课，推动普法实起来、活起来。2名同志获全国"七五"普法先进个人荣誉。强化非执法领域（行政复议应诉）风险排查，以牵头推动落实海关行政执法"三项制度"为抓手，持续细化海关行政执法公示、执法全过程记录、重大执法决定法制审核方案措施，加强执法监督，加大执法检查力度，有序推进关区执法统一性建设，提升执法规范性和透明度。上半年已组织完成关区行政执法"三项制度"检查，形成监督检查报告向关党委汇报。深化行政复议监督效能，依法履行复议机关职责，加大内部监督力度，加大监督纠错力度，及时纠正违法和不当行为，彰显行政复议的公信力和权威性。加强执法风险提示，加强行政复议规范化、专业化建设，通过案件通报、制发复议意见书与复议建议书等形式，深入查找行政执法的薄弱环节和共性问题，规范基层海关执法行为，从源头上减少行政争议发生。严格落实《中华人民共和国海关行政许可管理办法》，进一步加强行政许可规范化、标准化建设，持续做好行政许可清单管理工作，根据国务院、海关总署统一部署，第一时间组织落实行政许可事项取消及下放工作，对本关区行政许可事项进行2次调整并及时公开，参与总署权责清单编制意见研提2次。

【海关法治文化阵地打造】2021年，拉萨海关大力开展机关法治文化创建活动，法制部门发挥职能作用，创建关区法治宣传教育基地、法治文化宣传场所等海关法治文化阵地，建设关区法治文化品牌、栏目和工作室，创作和传播海关法治微电影、微视频以及海关法治文学、曲艺、戏剧等其他海关法治文艺作品。把法治文化建设纳入关区法治工作总体规划，作为法治示范创建、精神文明创建、平安建设等创建的重要内容，积极推进法治文化建设，探索建立法治文化建设示范点，做好海关法治文化建设成果宣传和典型推广，发挥引领示范作用，形成良好氛围。按照"谁执法谁普法"原则，各单位部门加强本条线法治文化建设，加强基层单位法治文化形象塑造，建设法治"微景观"，通过各种途径和形式提升海关法治文化建设质量。推动海关法治文化与地方、行业特色文化有机融合，开展法治文化进机关、进社区、进企业、进学校，着力提升关区法治文化阵地建设质量，推动从有形覆盖向有效覆盖转变。加强法治文化专业队伍建设，完善普法讲师团服务管理，推动实现制度化规范化，加强法治新闻采编创作人员法治培训，发展壮大法治文化理论研究力量，完善法治文化建设人才培养使用评价激励机制。

【海关法治队伍建设】2021年，拉萨海关对标对表新时代高原新海关对法治队伍的新任务新要求，持续推动法治人才培养。聚焦能力短板，强化案例和实践操作，通过专业思维的培养、专业方法的掌握、专业技术的运用，提高法治队伍法律政策运用能力、重大风险防控能力、复杂事件处置能力、群众工作能力、科技应用能力、舆论引导能力，确保实现从熟悉法学理论知识到熟练掌握法律实务技能的转变，有针对性地加强思想淬炼、政治历练、实践锻炼、专业训练，加大法律职业立场、伦理、技能的培训力度，提高关区法治工作人员的职业素养和专业水平。严格落实中办、国办关于推行法律顾问制度的意见要求，聘请珠穆朗玛律师事务所担任法律顾问，为重大事项、重大决策、规范性文件制定等提供法律意见建议，推进各项重大决策合法合规。2021年，累计审核合同274份，提供法律意见240余条。同时落实公职律师管理办法，强化公职律师队伍监督管理，完善执业保障，加强监督指导，充分调动公职律师积极性，严格按照公职律师的考核要求，组织公职律师所在单位对公职律师进行年度考核，加强公职律师职业技能培训，引导公职律师积

▲2021年8月8日，拉萨海关赴宇拓路开展"8·8"海关法治宣传日活动

极参与关区法律事务,发挥公职律师法律参谋助手作用,服务党委依法决策、依法行政。认真落实法治人才培养要求,建立拉萨海关法律人才库(22人),成立关区普法讲师团(8人)。

(撰稿人:毛从辉)

业务改革

【概况】2021年，拉萨海关根据总署关于通关一体化向全业务领域一体化改革相关工作要求，建立业务改革专项工作机制，扎实推进业务改革工作。紧扣高质量发展推进海关全业务领域一体化；全面推广应用H2018通关管理系统3.0版，推动海关业务领域信息化和系统互联互通；强化业务改革问题清零；协调推进"双随机、一公开"监管，修订实施细则和海关行政检查随机抽查事项清单。

【业务改革协调】2021年，拉萨海关全面上线运行H2018通关管理系统，深入推进关区"两步申报"业务应用率达57.2%，主动参与总署业务运行和业务改革等三个专项组。对接自治区"一带一路"建设和西部大开发建设工作，主动参与西部陆海新通道建设区域海关交流合作。持续推动业务领域10个关级课题和6个部门课题分析研究工作，争取参与两项署级课题研究。发起并完成企业核查"双随机、一公开"跨部门联合监管工作。对拟定的"出口饮用天然水中阴离子表面活性剂的测定"项目进行立项申报。建立涵盖6个业务领域的关区出口管制人才库并向总署完成11人推荐工作。按时保质开展年度禁限管理工作调研和技术性贸易措施影响调查，首次向总署提交《电子秤出口尼泊尔遭受技术贸易措施影响》调查报告。参与总署"业务流程及问题收集专项工作组"等三个领域跨关区协同管理，成功推荐关区贡嘎机场海关综合业务科和西藏航空有限责任公司列为总署基层联系点和企业联系点，做好业务改革问题收集工作，落实"问题清零"要求，配合总署完成好通关一体化向全业务领域一体化改革相关工作。

【通关运行管理】2021年，拉萨综合保税区顺利通过预验收。全年严格落实"客停货通""点对点、零接触"交货模式和"三个100%"检疫监管要求，聂拉木海关日均监管甩挂车辆由年初的3台次、6个集装箱增加到13台次、26个集装箱，吉隆海关日均监管倒装车辆由5台次增加到9台次。配合自治区口岸办严格按程序报批口岸货运通道临时关闭或恢复开通事宜，圆满保障临开口岸3批次援尼物资监管通关，高效服务外贸外交大局。推动口岸安全联合防控工作，召开西藏口岸安全风险联合防控研判协调会，组织签订《西藏口岸安全风险联合防控工作方案》。2021年11月，采取"产地检验、口岸查验放行"模式，完成首批1,500吨化肥出口通关工作。

【知识产权海关保护】2021年，拉萨海关结合西藏边境贸易特点及近年来查获侵权货物相关情况，接续牵头开展"龙腾2021"知识产权海关保护专项行动。指导各业务现场聚焦服饰、电子产品、汽车零部件等侵权高风险商品，会同风险部门开展联合研判，切实加强知识产权海关保护力度，有效堵截侵权违法活动；持续加强关地执法合作力度，主动赴地方相关机构开展交流座谈，建立信息共享、协作办案的常态化沟通协作交流机制，形成打击侵权和管控工作合力；以"4·26"知识产权宣传周等活动为契机，通过多种方式开展知识产权海关保护政策宣讲，主动了解企业知识产权状况和实际困难，营造良好执法氛围，为推动西藏高水平开放、高质量发展提供坚实有力保障。全年共查获进出口环节涉嫌侵犯知识产权货物20批、4.8万件/个，价值174.1万元。

（撰稿人：侯雨桐）

风险管理

【概况】2021年，拉萨海关坚持系统观念，全面践行总体国家安全观。始终坚持政治机关建设，全面强化党员干部政治纪律和政治规矩，坚决践行"两个维护"。围绕政治安全狠抓专项风险防控，积极推动口岸安全联合防控工作，持续抓实常态化口岸疫情防控工作。结合关区实际抓好濒危动植物及其制品、野生动物及其制品和"洋垃圾"风险防控工作。统筹好发展和安全，以提升监管效能为目标，坚持风险整体防控与精准防控有机结合，坚持信息驱动和大数据支撑同时发力，提升风险治理能力建设水平。

【风险信息及预警】2021年，拉萨海关持续抓紧抓实常态化口岸疫情防控工作，重点做好周边国家和地区疫情信息的收集和分析，加大信息筛查，将获取的信息分类整理汇总后，撰写报送9篇疫情风险分析报告；通过与关区业务部门建立高效、畅通的信息共享联系渠道，及时收集并发布3条疫情防控风险预警；严格管控新冠病毒疫苗非法出境，加强出口疫苗风险防控，开展联合研判，有效防范伪瞒报非法出口；严格贯彻落实总署要求，自觉加强对疫病疫情的关注度，严格防范埃博拉、拉沙热、中东呼吸综合征等其他疫病疫情输入风险，切实防范疫病疫情叠加风险；结合拉萨海关关区实际，对"倒装"（甩挂）交货模式下的进出境运输工具采样检测进行分析研判，提出研判意见，服务领导决策；将"提前介入、精准防控"作为工作目标要求，始终坚持信息先导驱动作用，持续加强风险信息监测，发布关区查发情事信息35条，推进完善海关风险信息工作机制；进一步加强对涉检风险信息的风险分析，努力提高涉检人工分析查获水平；针对特定业务领域，逐步尝试运用海关业务风险监测指标，显著提升海关风险监测质量；推进健全以查获信息、稽核查信息、缉私信息、外部信息为主体的海关风险信息体系建设，以拓宽风险信息收集渠道，及时发现潜在风险，进一步强化风险信息的使用评价。

【风险布控】2021年，拉萨海关坚决贯彻落实习近平总书记重要指示批示精神，落实"蓝天2021"和"国门利剑"

等行动。加载涉濒危动植物布控规则和涉"洋垃圾"布控规则，查获濒危动植物及其制品9起。围绕中国共产党成立100周年、西藏和平解放70周年等重大庆祝活动，严格落实总署专项行动要求，加强各类安全准入（准出）风险防控，加载专项布控规则，开展专项检查7次，查获19件次违禁品。严格落实总署和拉萨海关各项工作要求，年度各项工作精益求精，务求实效。顺利完成邮递渠道和边民互市贸易渠道风险防控全面嵌入任务，目前拉萨海关所有的业务渠道，包括货运、旅检、邮递、边民互市贸易等，已经实现风险防控全面覆盖；同时，按照总署工作要求，风控分局完成邮递渠道和边民互市贸易渠道所使用的业务系统的新旧切换；与隶属海关联系沟通，配合相关部门进行拉萨综合保税区的业务对接，使保税区各项风险防控工作有序开展；按照总署要求顺利完成快速查发响应、风控部门与业务现场联动等工作机制，制定细化落实措施和工作方案，积极与业务现场各单位联系配合，启用快速查发响应机制28次，向总署和拉萨海关及时报送查发情事，保障查发信息的及时有效；同时积极指导现场海关在查验过程中的方式方法，以及正确应对风控指令命中后的操作规范，对现场海关的指令执行情况进行评估反馈，使风控部门与业务现场联动工作机制运作正常，初见成效；赴各业务现场开展调研，全面了解目前风控工作现场处置环节存在的问题和难点，理顺各项业务流程，对业务现场海关进行实地指导，参与跟班，针对存在的问题进行处置。严格落实总署关于现场即决式布控工作的相关要求，主动帮助现场海关进行新业务系统的岗位申请、授权等工作，同时对现场海关进行多种形式的业务指导，充分发挥现场海关的优势和主动性，调动工作积极性，结合拉萨海关实际情况，利用现场海关直观查验、具备大型机检设备、熟悉工作环境等有利条件，对现场即决式布控工作进行安排落实。通过以上举措，规范了风险防控工作程序，补齐了工作中存在的短板，提升了风险防控水平，取得了较好成效。货运、邮递渠道人工分析查获率稳步提升。2021年，风控分局积极落实总署关于风控指令查验查获方面的新要求，加强风控工作主动性，积极联合相关部门开展风险联合研判，充分运用口岸安全风险联合防控工作机制、与缉私局等部门联合工作机制等，拓宽风险信息来源，全面梳理风险要素，加强人工精准布控，实现风险布控工作的稳步提升。2021年，货运渠道可实施查验报关单5,264票，人工分析布控查验报关单79票，人工分析查获报关单15票。高质量人工分析布控查获13票，占比86.67%。邮递渠道可实施查验2,870票，人工分析查验1,103票，人工分析查获210票，其中高质量人工分析查获4票、重点安全准入情事查获1票。

【风险分析处置】2021年，拉萨海关

持续抓好濒危动植物及其制品、野生动物及其制品和"洋垃圾"风险防控工作。结合近年来象牙、穿山甲、犀牛角、红珊瑚、砗磲等濒危物种及其制品走私风险和外来有害生物入境风险等情况，积极落实与业务部门联合研判工作机制要求，提高综合分析研判和风险处置水平。依托风险防控协同机制，有效统筹内部业务部门风险预警需求，持续完善风险预警工作机制，统一发布风险预警，并将风险预警作为有效的海关风险处置手段。聚焦安全准入风险，加强风险态势分析，完善态势分析向预警转化、向布控转化，预防和化解风险。同时，针对重点国家、重点领域、重大政策调整等情况，找准阶段性、区域性风险导向，提出重点领域风险防控重点和防控措施建议，有针对性地处置相应风险。从重点渠道、重点人员、重点商品、重点企业等多角度多方面开展风险分析，持续开展后续风险管理稽核查工作，提升风险处置类稽核查指令有效率，人工分析专项稽核查结案企业数4家，人工分析专项稽查有效率100%，人工分析专项稽核查占比80%，实现税款应收尽收，持续加大后续风险防控力度，充分发挥风险防控在后续监管工作中的重要作用，持续推进全领域、全渠道、全链条一体化风险防控。

【大数据应用】2021年，拉萨海关大数据应用经历了由起步到发展的阶段。拉萨海关逐步开始运用"云擎"大数据工具，开展业务数据监测分析，尤其是以拉萨海关历年来查验、查获数据和关区特色业务数据为依托，有针对性地开展分析，并持续开展数据比对、关区数据收集统计工作。针对业务领域相关指标进行评估，关注风险态势的变化，为关区风险防控做好准备工作。配合总署开展大数据模型建设工作，以拉萨海关业务实际为基础，找准大数据应用的具体场景，探索建立一系列符合关区实际的分析模型，其中涉及从尼泊尔进口的数据模型2个，并在应用中逐步提升数据的应用广度与精度。大数据分析模型始终坚持以实战为导向，坚持建设成为服务风险防控、服务关区的业务平台，并在分局内开展大数据应用培训，使得大数据在日常工作中成为领导决策的重要依据。

【口岸安全风险联合防控】2021年，拉萨海关认真落实国务院联防联控机制部署，依托口岸安全风险联防防控机制，实地走访西藏自治区相关单位，积极推进沟通合作，密切联系协作配合，组织签订《西藏口岸安全风险联合防控工作方案》，结合关区业务"点散线长面广"等特点，协作机制成员单位扩充至21家。将防范化解重大政治风险工作作为重点，牵头组织召开首届西藏口岸安全风险联合防控研判协调会1次，就口岸安全风险形势开展联合研判，进一步拓宽联合防控领域，明确工作任务和工作方向，全面强化和推进落实联合研判机制；与口岸安全风险联合联控机制相关成员单位开展疫情防控方面的厅级信息互通，形成国境口岸卫生检疫海关执法信息收集新渠道；推进与自治区相关单位沟通合作，实地前往西藏自治区林业草原局和西藏自治区安全厅指挥部，就口岸安全风险形势开展研判，向更为广泛的联合防控领域深入拓展，持续推动落实西藏口岸安全风险联合防控工作，力争不断凝聚风险防控合力，筑牢西藏口岸安全风险防线。

（撰稿人：王　研　孙　凯　秦亚峰）

关税征管

【概况】 2021年，拉萨海关多措并举，扎实推进关区综合治税工作。保质保量完成税收预算目标，全年共征收税款2.06亿元，同比增长23.18%；深入推进税收征管改革，结合RCEP原产地管理信息化应用系统，成功签发关区首份"智能审核+自助打印"原产地证书，原产地证书智能审核、自助打印模式在关区顺利落地；参与总署关税司开展的税政调研工作，与片区牵头海关联合研提的6项税政调研建议被国务院关税税则委员会纳入2022年《关税调整方案》，切实助力关区外贸企业高质量发展；认真落实各类税收优惠政策，广泛开展"送策上门"活动，建立"一对一"服务机制，深入32家属地企业开展税收优惠政策宣讲，引导企业用好各类税收"利好"政策，全年累计减、免、退税1.27亿元，有力缓解了关区企业因疫情影响带来的资金压力。

【税款征收】 2021年，拉萨海关共征收税款2.06亿元，同比增长23.18%。其中，关税7,298.94万元，增长24.36%；进口环节税13,253.03万元，增长22.54%。

【征税特点】 2021年，拉萨海关征税特点：从征税现场来看，贡嘎机场海关征收税款1.93亿元，占关区税款总额的93.69%，主要商品为客运飞机、航空器材等；八廓海关征收税款909.36万元，占关区税款总额的4.42%，主要商品为干红葡萄酒、连衣裙、混合香精及铬矿砂等；日喀则海关征收税款360.19万元，占关区税款总额的1.75%，主要商品为地毯织机；普兰海关办理了建关以来首票进口货物通关手续并征收税款13.78万元，主要商品为天文观测设备。从贸易方式来看，关区税收以一般贸易为主，征收税款1.62亿元，占税款总额的78.64%；其次为修理物品，征收税款4,067.52万元，占税款总额的19.91%；再次为特许权使用费后续征税，征收税款314.74万元，占税款总额的1.53%。从税源企业来看，2021年，共有14家企业在我关区报关纳税，均为属地企业。

【征管改革】 2021年，拉萨海关稳步推进税政征管方式改革，纳税便利化水平持续提升。关区"自报自缴"报关单832

票，自报自缴率为83.28%；新一代电子支付税单1,812票，新一代电子支付率为100%；采用汇总征税方式申报报关单714票，汇总征税率为71.47%。12月24日，拉萨海关成功受理了自12月1日起实施以企业为单元的税款担保改革以来关区首票"一保多用"海关税款总担保，可助力企业在全国海关同时用于多项税款担保业务。

【减免税政策】2021年，拉萨海关认真贯彻落实"十四五"期间各类税收优惠政策，充分释放税收政策红利，引导企业开展对美市场化采购排除，落实自贸协定国家（地区）税收优惠政策及增值税率下调政策，不断助力西藏航空、科教等事业发展。

【减免税管理】2021年，拉萨海关按照总署统一部署，细化部署新修订《海关进出口货物减免税管理办法》关区实施工作，积极推广应用H2018减免税管理子系统，关区减免税货物担保管理业务、减免税审核确认管理业务顺利从H2010系统平稳切换至新系统，审核效率进一步提升。

【行邮税征管】2021年，关区非贸渠道共开具税单587票，同比增长42.13%；征收税款18.74万元，同比减少12.35%，均为邮递渠道征收。出于疫情原因，关区陆路口岸和航空口岸旅检渠道暂无人员进出，进境物品零征收。

【验估管理】2021年，拉萨海关严格落实总署关税司及各税管局工作部署，高质量完成了验估指令排查反馈工作。全年，共有57票报关单被参数指令捕中。其中，接收事中验估指令56份，涉及安全准入风险参数（H0）指令、单证验核风险参数（H2）两类指令；接收事后验估指令1份，涉及一般税收风险参数（H3）。经现场海关进一步核查，指令所涉报关单均无问题，已正常审结。全年验估指令按期审结率100%。

【税收风险防控】2021年，拉萨海关进一步强化税收风险协同防控机制。加强与总署各税管局的联系沟通，提升验估环节风险排查指令的处置效能；强化与风险防控分局的联系配合，及时畅通信息交流共享渠道，加大涉税风险的日常监测；加强与企业管理和稽查部门的协作分工，在税款计核、商品归类等方面提供关税技术支持；做好与缉私局的联系配合，及时移交涉税风险线索；充分发挥隶属海关业务现场能动性，引导其定期报送税收风险防控建议，2021年向总署税管局报送税收风险参数建议12条；持续完善关区属地纳税企业底账、"双特"价格台账等工作，开展属地企业纳税遵从度评估，提供差别化合规管理服务，引导属地纳税企业合规申报，推进税收风险源头治理，2021年完善关区36家属地企业底账。

【原产地管理】2021年，拉萨海关共签发6份出口原产地证书，其中一般原产地证书5份，中国—东盟自由贸易区原产地证书1份，帮助属地企业享受进口国关

▲2021年4月15日,拉萨海关指导企业申报RCEP原产地证书

税减让1.84万美元。关区共审核进口报关单随附原产地证书13份,其中CEPA(《内地与香港关于建立更紧密经贸关系的安排》)项下原产地证书10份,为进口企业减让进口关税88.41万;中韩自贸协定原产地证书3份,为进口企业减让进口关税14.12万元。同时,按照总署关税司统一安排,拉萨海关于2021年8月完成RCEP原产地管理应用的部署上线,借助该模块实现了原产地签证"智能审核+自助打印",西藏外贸企业足不出户即可申领原产地证书。

(撰稿人:宋 亮)

卫生检疫

【概况】2021年，拉萨海关关区内无入境人员、货物和交通工具，仅樟木和吉隆口岸有对尼泊尔单向货物出口，聂拉木海关和吉隆海关根据属地联防联控机制要求，对口岸环节车辆和集装箱预防性消毒进行监督指导，严格口岸一线工作人员个人安全防护。完成2021年度国境口岸食品安全抽检工作。拉萨贡嘎机场海关、聂拉木海关、吉隆海关和普兰海关开展口岸卫生监督和病媒监测工作。

【疫情防控制度建设】2021年，拉萨海关党委坚决贯彻落实习近平总书记关于疫情防控工作的重要讲话和重要指示批示精神，落实总署党委要求，把疫情防控作为各项工作的重中之重，坚持"外防输入、内防反弹"的防控策略不动摇，科学、精准、严格做好口岸疫情防控工作。科学制订防控方案。根据总署对疫情防控工作的部署，结合西藏自治区人民政府"客停货通"、对尼"单向货通"的属地管理要求，拉萨海关制发《拉萨海关应对境外新型冠状病毒肺炎疫情工作方案（第五版、第六版）》《拉萨海关新冠肺炎疫情防控口岸突发情况处置预案（第四版）》《拉萨海关新冠肺炎疫情防控安全防护监督员工作指南》《拉萨海关新冠肺炎疫情防控工作人员个人防护考核表》《疫情防控工作人员安全防护督查方案》《"四不两直"方式开展常态化疫情防控监督检查工作方案》等疫情防控文件30余份。

【信息收集研判】2021年，拉萨海关多渠道及时收集周边国家、毗邻地区疫情信息，为科学调整口岸疫情防控措施提供重要依据。拉萨海关作为总署卫生检疫司陆上邻国新冠肺炎疫情防控研判机制成员，向总署报送有关印度、尼泊尔疫情研判信息12期。

【口岸疫情防控】2021年，拉萨海关严格口岸检疫，确保对尼单向货通。落实"点对点""零接触"交货模式，吉隆口岸在热索桥及尼方口岸侧限定区域内采用"货物倒装"模式完成对尼出口货物。樟木口岸在友谊桥上采用"甩挂模式"完成对尼出口货物。海关在口岸区域对倒装车辆和入境集装箱开展预防性消毒处理监督指导工作。根据口岸作业区域的风险等级划分红、黄、绿区，科学设置防护装备脱卸区域。规范处置疫情防控医疗废弃物，地方医疗机构负责每日统一收集，定期销毁。强化人员管理，确保疫情防控安全。从严就高做好个人安全防护，严格执行岗前培训合格上岗制度。定期组织开展防护服破损、口罩脱落等多场景职业暴露应急处置演练。严格实行口岸一线工作人员健康状况"日报告、零报告"制度，严格落实核酸检测、相对封闭管理、分餐制等措施。

【卫生检疫培训】2021年，拉萨海关通过"视频+现场"的形式，对关区"一线、预备、应急"梯队关员开展个人安全防护实操考核。开展防护监督员、个人安全防护、采样岗位能力等5期培训，539人次参训。组织关区106人参加总署卫生司举办的"安全防护监督员业务能力专题网上培训"，152人参加卫生司举办的海关卫生检疫基础能力建设和卫生检疫专业能力建设网上培训。

【监督检查】2021年，拉萨海关按照总署要求，成立"挑毛病"专家组，每日对口岸一线关键环节、重点流程、工作人员安全防护情况进行视频检查，发现问题，及时监督整改。组成"四不两直"疫情防控检查组，深入口岸一线开展联合监督检查。

【内部防控】2021年，拉萨海关严格落实总署和西藏自治区疫情防控相关要求，按照"属地管理、海关从严"的原则，及时更新调整拉萨海关内部防控各项措施，进一步压紧压实内部防控工作主体责任，特别是加强干部职工（含临聘人员）管理，及时掌握健康状况、行程动态等，严格做好"日报告、零报告"工作；严格做好办公生活场所管理，加强外来人员风险排查，每日对重点场所、区域按照要求开展清洁消毒工作。及时对关区内部防控措施进行监督检查，建立整改清单，实行销账管理，确保整改到位。

【口岸食品安全抽检】2021年，拉萨海关根据总署的统一部署，制订《拉萨海关2021年国境口岸食品安全抽检计划》，结合口岸特点，突出微生物超标的食品污染指标检测，抽检食品类别覆盖食品生产、餐饮、流通等不同业态。监督抽检分为实验室检测和现场快速检测两大类。实验室检测是指日常监督检查、专项整治等工作中对口岸食品生产经营单位实施的食品抽样、实验室检验、复检、处理等。快速检测是指在日常监督检查工作中依法对口岸食品生产经营企业实施的食品现场快速检测。监督抽检实验室检测覆盖2个食品大类、13个食品细类，现场快速检测覆盖12个快速检测项目。本年度抽检工作由拉萨贡嘎机场海关和吉隆海关负责，完成实验室抽检样本170份、快速检测样本234份。

【口岸卫生监督】2021年，拉萨海关制订《拉萨海关2021年国境口岸卫生监督工作实施方案》，指导聂拉木海关、拉萨贡嘎机场海关、吉隆海关、普兰海关4个隶属海关开展口岸卫生监督工作。对口岸区域内食品生产、餐饮服务、食品销售单位的监督按照《中华人民共和国食品安全法》《国境口岸食品卫生监督管理规定》、智慧卫生检疫系统"日常监督评分表"、《卫生检疫标准作业指引》（2019版）执行。公共场所监督按照智慧卫生检疫系统"日常监督评分表"、《卫生检疫标准作业指引》（2019版）相关规定执行。国境口岸储存场地卫生监督与口岸监管作业场所日常巡查合并开展，由卫生监督岗专业人员执行。2021年关区开展日常卫生监督609次，开展关区口岸卫生监督"双随机、一公开"工作，并及时在拉萨海关门户网站公开。拉萨海关国境口岸卫生许可审批全流程通过海关"智慧卫生检疫系统"办理，全年新发《国境口岸卫生许可证》98份，开展国境口岸卫生监督员资质考评工作及报备工作，全关区共67名关员取得"口岸卫生监督员"资质证书。

【口岸病媒监测】2021年，拉萨海关病媒监测种类为：拉萨贡嘎机场海关监测鼠、蚊、螨、蚤、蜚蠊；聂拉木海关监测鼠、蚊、螨、蚤、蠓；吉隆海关监测蚊、螨、蚤、蜱；普兰海关监测蚊、螨、蚤、蝇。按照《国境口岸病媒生物监测规定》的相关方法和频次开展病媒生物监测。拉萨海关配合总署"一带一路"病媒生物专项监测专家组在口岸开展工作。

▲2021年10月，拉萨海关开展"一带一路"重点口岸有害生物监测

（撰稿人：张黎鹏）

动植物检疫

【概况】2021年，拉萨海关认真贯彻落实习近平总书记关于西藏工作的重要论述和在西藏考察时重要讲话精神，深刻认识保护好西藏生态环境功在当代、利在千秋。认真贯彻落实习近平总书记关于加强国家生物安全风险防控和治理体系建设、提高国家生物安全治理能力的重要指示批示精神，不断提高政治站位，严格按照总署党委要求，以马上就办、真抓实干的作风，以最坚决的态度、最迅速的行动、最有力的举措，做到方向更明确、措施更有力，确保各项工作落细落实。

【进出境动植物检疫】2021年，拉萨海关筑牢国门生物安全防线。成立拉萨海关生物生态安全风险防范和保护工作领导小组，制订《拉萨海关关于贯彻落实生物生态安全风险防范和保护工作的实施方案》，制发《拉萨海关推进落实生物生态安全风险防范和保护工作任务分解方案》，下发《拉萨海关关于进一步加强出境物种资源查验的通知》。组织开展打击野生动物违法交易专项执法行动，累计对口岸超市、酒店等72家从业单位及线下经营者开展野生动物非法交易检查工作。侦破1起走私珍贵动物制品案，缴获高鼻羚羊角6根、象牙793.19克，行政处罚2起，西藏生物生态安全保护初见成效。按照总署《国门生物安全监测方案》要求，拉萨海关认真开展实蝇、沙漠蝗、有害杂草、草地贪夜蛾、苹果蠹蛾、红火蚁等监测工作，出动监测1,914人次，监测到检疫性实蝇205头。深入分析研究2020年沙漠蝗疫情发生形势，为防止沙漠蝗随着6、7月份季风变化传入，进一步健全完善口岸监测哨点和监测体系，在关区各口岸范围内重点开展沙漠蝗监测。结合全球红火蚁疫情，以及不丹、尼泊尔等周边国家和地区非洲猪瘟、猪繁殖和呼吸综合征、马鼻疽等疫病疫情，下发5份疫情警示通报，要求各隶属海关进一步提高政治站位，不折不扣落实总署关于疫情防控各项管控措施和要求，严格检疫监管，防止疫情叠加。全年共截获入境动物产品1批0.68千克、植物产品4批0.266千克，各口岸均未发生动植物疫情传入传出情况。制发《拉萨海关2021年度进出口饲料、水果和食用陆生、水生动物安全风险监控计划实施方案》，明确将以边境贸易、边民互市贸易为主的出口苹果、鲜梨、核桃、大蒜、活羊作为重点监控对象，全年共抽检进出口食用农产品11批次/份样本，检测结果未出现异常。制发《拉萨海关打击非法引进外来物种和种子苗木"国门绿盾2021"行动方案》，并成立工作领导小组。通过寄递渠道截获进境植物植株1批次、0.179千克，并做销毁处理。制发《拉萨海关关于加强出入境检疫处理单位监督管理工作的通知》，要求检疫处理单位落实企业主体责任，配合总署检疫处理单位监督管理工作。

【预防性消毒】2021年，拉萨海关毫不动摇做好常态化口岸疫情防控工作。严格做好来自高风险国家（地区）的进出境高风险非冷链运输车辆、集装箱预防性消毒工作，指导各隶属海关进一步完善疫情防控机制，指导口岸隶属海关做好风险监测和预防性消毒工作，开展生物安全管理、防止职业暴露感染安全检查，下发《关于开展2021年拉萨海关重大动物疫情应急演练的通知》，共开展重大动物疫情桌面推演7次，出动一线关员61人次。自7月总署要求开展口岸新冠病毒现场预防性消毒视频巡检工作以来，通过视频抽查的方式对检疫处理现场消杀工作开展全过程连续检查和督查工作，对防护服穿脱和运输工具预防性消毒工作中发现的问题及时反馈、立行立改，确保消杀效果，杜绝安全责任事故发生。

【尼泊尔饲草准入】2021年，拉萨海关把推动落实尼泊尔输华饲草工作作为政治任务推进，在撰写《进口尼泊尔青贮玉米、高粱、象草风险评估报告》基础上，起草《尼泊尔青贮饲料输华卫生与植物卫生条件的议定书》并上报总署。根据企业发展需要，开展"万百千"走访行动。《中华人民共和国海关总署与尼泊尔联邦民主共和国农业和畜牧业发展部关于尼泊尔青贮饲料输华安全卫生条件议定书（草案）》已提交尼方总理府办公室审议。

【动植检能力提升】2021年，拉萨海关对一线关员开展国门生物安全及检疫处理知识"送教上门"培训，派员前往各隶属海关着重开展现场检疫处理流程、消毒药配制、有害生物鉴定及标本制作培训，共计培训一线关员70人次。开展与动植物检疫相关培训6次，提升一线关员动植检工作能力。梳理隶属海关2017年至2020年动植检能力提升设施设备使用情况，完成《拉萨海关动植检能力提升专项评估调研报告》，完成2021年动植检能力提升设备采购及验收工作，并开展仪器设备使用现场实操培训。

【动植检信息收集和预警工作机制】2021年，拉萨海关制订拉萨海关《进出境动植物和进出口食品安全舆情信息收集工作方案》，成立拉萨海关动植物检疫和食品安全舆情信息收集工作组。强化动植检信息化建设工作，结合隶属海关关员的工作特点及擅长领域，成立拉萨海关智慧动植检信息化建设工作组。完善关区境外动植物检疫舆情信息的收集、分析和预警工作机制，下发5份疫情警示通报。加强与自治区相关部门联系沟通，强化信息互通，密切关注国外疫病疫情形势，加强对印度、尼泊尔、不丹和缅甸等周边国家（地区）重大动植物疫病疫情信息收集，深化动植物疫情联防联控机制，做好疫情信息通报和疫情防控工作部署。

【国门生物安全宣传】2021年，拉萨海关利用"4·15"全民国家安全教育日、海关法宣传日等重要节点，开展《中华人民共和国生物安全法》普法宣传及国门生物安全宣传活动。开展宣传活动23次、发放宣传册1,500余份。印发《中华人民共和国禁止携带、寄递进境的动植物及其产品和其他检疫物名录》中、英、藏文宣传材料4,700份。增强公众保护国门生物安全的意识，防范外来物种入侵，倡导全民参与守护国门生物安全，在全社会营造"人人关注国门生物安全，人人守护国门生物安全"的良好社会共治氛围，提升社会共治水平。

▲2021年7月14日，拉萨海关派员指导企业改进养殖模式

（撰稿人：柯华生）

食品检验检疫

【概况】2021年，拉萨海关按照总署提出的进出口食品安全"一点问题都不能出"的工作要求，筑牢进口食品国门安全防线。其一，源头严防。严格落实准入制度，对未获得总署准入资格的境外食品一律严禁进口。其二，过程严管。加大口岸监管力度，严禁疫区产品输华，严防重大疫病疫情传入风险。其三，风险严控。组织实施进出口食品安全监督抽检及风险监测计划，加大风险分析，防止不合格食品进入国内市场。其四，走私严打。坚决贯彻落实习近平总书记关于打击走私的重要指示批示精神，落实总署党委打击走私工作的各项部署，加强信息研判，聚焦进口食品走私问题，加强走私食品源头分析，防范通过伪报等方式逃避监管，严防走私进口食品通过货运渠道、寄递渠道和旅客携带等方式走私入境，建立与地方单位协作机制，共同维护市场经营秩序和食品安全。

【出口检验检疫】2021年，拉萨海关共受理进出口食品农产品136批，货值319.65万美元，重量2,082.15吨，产品包括"地球第三极·西藏好水"、青稞麦片、松茸、茶叶、大蒜等，主要出口国家和地区为印度、加拿大、新加坡、阿联酋、中国香港、中国澳门。

▲2021年5月12日，拉萨海关派员指导日喀则青稞食品出口

2021年，拉萨海关助力西藏优质特色食品出口抢占先机，充分把握海外订单新机遇。大力扶持特色食品开拓欧美市场。主动对接辖区出口青稞精加工产品企业，指派专人开展"一对一"政策解读和流程指导工作，就企业SSOP、HACCP、技术标准、抽检、出证等细节答疑解惑，并协助企业顺利完成业务申报全流程。第一批货值3,528美元的精加工青稞食品已顺利

出口加拿大，成功进入北美最大的华人特产超市。探索创新特殊监管模式。基于前期产品质量风险分析，针对西藏林芝易贡茶场地处偏远、没有出口经验等难题，创新"前置监管、留样备查"特殊监管模式，主动作为，一对一指导出口报关手续，帮助企业采取通关一体化模式，申报出口茶叶一批（货值10.31万元，货重59.84千克），首次实现西藏茶叶"走出去"。全方位全流程助力高货值食品出口。主动向出口松茸企业讲解外贸经营者资质办理、种植场备案、出口食品生产企业备案、"十四五"关税返还政策、RCEP等规定，指导企业完成出口报关手续，推动林芝新鲜松茸顺利出口澳门。联合技术中心就饮用水新标准和出口质量把关等问题对辖区相关水企开展调研，针对性解决问题，助力首批饮用水自普兰海关监管出口至阿联酋。在拉萨海关技术支持下，青稞方便食品、茶叶、食用菌等已陆续出口加拿大、尼泊尔、中国澳门等国家和地区，2021年西藏"水、茶、菌"等特色产品出口取得重大突破，特色产业正在助力西藏高质量发展打通一条具有全球视野的"外贸天路"。

【实验室检测支持和技术指导】2021年，拉萨海关强化技术支撑，持续为西藏高原特色产业提供实验室检测支持和技术指导。加快食品类制标进程。技术中心配合西藏自治区全面完成《地理标志产品 那曲虫草》《地理标志产品 西藏藏红花》《西藏藏红花加工技术规程》等4项地方标准的发布，申报立项《酿造用藏曲》《青稞中总黄酮的测试方法》《有色青稞中花青素测试方法》3项食品安全地方标准，完成藏面、传统甜茶2项食品安全地方标准的申请材料递交。加快科技强关步伐。技术中心持续以ISO/IEC 17025、ISO 9000认可和认证为基础，国家级重点实验室为依托，提升区域性实验室功能，发挥口岸快速检测实验室作用，严格对照国内外食品安全标准，运行认证认可体系，拓展检测项目，在原有食品、化妆品、动植物及其产品等20类商品283个检测项目的基础上再次拓展73个检测项目，加快科技强关步伐。

【冷链和高非冷货物】2021年，拉萨海关优化防范新冠肺炎疫情通过进口冷链和高风险非冷链运输车辆、集装箱货物等输入风险，严格落实预防性消毒工作。全方位防止新冠肺炎疫情通过冷链食品渠道传入西藏自治区。不断推动与地方政府建

▲2021年5月13日，拉萨海关派员指导日喀则白朗县有机枸杞出口

立无缝对接、闭环运作的联防联控机制，协同地方监管部门、缉私局等对辖区进口冷链食品经营点、食品进口、加工、销售等重点环节进行核查，对进口冻品入库存放手续进行验核，坚决防止走私冻品流入市场，确保人民群众舌尖上的安全。完善各项规章制度。印发《拉萨海关进口商品新冠肺炎疫情防控突发事件应急处置预案》《拉萨海关进口高风险非冷链集装箱货物口岸环节新冠病毒检测和预防性消毒实施方案》《拉萨海关进出境运输工具口岸环节新冠病毒预防性消毒作业指引》《拉萨海关关于进一步规范高风险进境航班布控与终末消毒监督工作落实方案》等制度文件，全力做好疫情防控工作。

【进出口食品化妆品安全抽检】2021年，拉萨海关动植物和食品检疫处加强风险研判，守住安全底线。严格执行总署监督抽检和风险监测计划，制发《拉萨海关2021年度进出口食品化妆品监督抽检和风险监测计划》。各口岸隶属海关认真落实进出口食品化妆品安全抽检工作，严格监管程序、严把进出口食品化妆品安全关，利用实验室管理系统，认真维护法检食品检测数据，精准实施智慧监管，提升监管工作信息化水平。2021年完成进出口食品化妆品监督抽检44批，抽批抽中出口茶叶1批次，经检测均合格。

【尼泊尔输华中药材准入】2021年，拉萨海关落实总署52条措施，推进尼泊尔输华中药材准入各项工作。成立尼泊尔输华中药材技术支撑小组，开展"万百千"走访行动，调查走访辖区相关药材监管部门、科研院所、进出口药材企业等，梳理拟输华中药材品种目录，撰写《关于推进尼泊尔进境中药材的调研报告》，尼输华中药材工作正在稳步推进中。

【信息收集和预警工作机制】2021年，拉萨海关加强部门协作，强化信息收集和预警工作机制。与自治区市场监督管理局签订《自治区市场监督管理局 拉萨海关进出口食品安全质量监管协作机制》，确立工作原则、职能分工、合作范围与内容、保障措施等工作机制，并派员赴自治区食品安全委员会办公室开展集中办公，发挥拉萨海关在食品安全监管工作主动性，增进部门间食品安全沟通与互信，保障西藏人民食品安全与健康，在构建西藏进出口食品安全协作体系上迈出重要一步。制订拉萨海关《进出境动植物和进出口食品安全舆情信息收集工作方案》，成立拉萨海关动植物检疫和食品安全舆情信息收集工作组，强化进出口食品安全信息收集及预警工作。

【进出口食品安全宣传】2021年，拉萨海关深入开展进出口食品安全宣传工作。将食品安全宣传作为贯彻落实中央第七次西藏工作座谈会精神的重要举措和党史学习教育"我为群众办实事"的具体实践，突出西藏特色、海关特点。利用食品安全宣传周、"4·15"全民国家安全教育日、"8·8"海关法宣传日、"12·4"国家宪法日等重要节点，结合口岸文化地域特色，围绕糌粑、酥油、茶叶、青稞制品等重点领域进出口食品安全问题，根据人流分布、商品需求等特点，分别开展进社区、进校园、进市场、进企业等不同形式的宣传活动，发放藏汉双语并具有民族文化特色的宣传资料2,500余册、宣传用品600余份。将食品安全宣传周活动与口岸卫生监督协同开展，深入企业向200余人宣讲进出口食品安全法律法规，着力增强企业守法经营、诚信经营自觉，形成"震慑+宣讲"乘法效应。针对当前进口冷链食品新冠肺炎疫情防控特殊形势，通过印制发放疫情防控宣传册、科普小折页2,000余册，在企业微信群中推送宣传等方式，集中介绍海关在维护进出口食品安全方面的举措和成效，回应社会关注热点，实现精准普法、高效普法，为统筹口岸疫情防控和促进外贸稳增长营造良好的法治氛围。以《进出口食品安全管理办法》《进口食品境外生产企业注册管理规定》即将实施为契机，印制两部规章藏汉双语版宣传手册、释义等7,000余册，做好对内部工作人员、相关政府部门和进出口食品安全监管相对人的宣传讲解工作，并通过门户网站公示、举办宣贯会等形式，密集开展宣传，形成更大合力，营造贯彻落实两部规章的良好氛围，确保两部规章如期顺利实施，持续夯实进出口食品安全监管工作基础，不断提升监管效能，切实维护进出口食品安全。应中国贸促会邀请，为自治区外贸企业及商务部门讲解"特色农畜产品进出境检验检疫要求"。

（撰稿人：柯华生）

商品检验

【概况】2021年，拉萨海关商品检验工作的总体思路是：按照国务院"放管服"改革部署，认真落实总署"管得住、放得开、效率高、成本低"要求，充分发挥进出口商品质量安全风险预警和快速反应监管体系作用，聚焦安全、卫生、健康、环保要求，加强进出口商品检验监管，进一步完善进出口危险化学品检验监管，严防"洋垃圾"入境；深入推进商品检验模式改革，根据法检目录的动态调整，严格落实开展商检工作，推进第三方检验结果采信。2021年3月底，拉萨海关进出口商品检验工作会议在拉萨召开，副关长索朗罗布出席会议，综合业务二处主要负责人对2020年拉萨海关进出口商品检验工作进行总结，对2021年重点工作作出安排。

【进口商品检验】2021年，拉萨海关严格落实"客停货通，单向出口""点对点、零接触"交货模式和"三个100%"检疫监管要求，吉隆、樟木口岸实施单向"倒装""甩挂"模式出口货物。2021年关区不涉及进口商品检验工作业务。

【出口商品检验】2021年，拉萨海关为全面加强进出口危险货物和重点敏感商品检验监管，准确把握中央各项重大决策部署战略意图，按照总署防患于未然、确保对危险品及其包装（包含危险化学品和危险货物）检验监管职责履行到位。结合关区实际业务，及时拟制并印发《拉萨海关进出口危险化学品及其包装检验工作规程（试行）》《出口医用氧检验监管工作指引（试行）》，进一步规范关区危包检验监管工作。指导隶属海关完成3批41.2吨45.8万元援助出口尼泊尔医用氧的检验监管工作。对进出口危险品申报、布控、查验全过程监管，发现异常情况及时核实处理并上报总署；持续加大对逃避法定检验商品违法行为的打击力度；及时上报拉萨海关检验监管工作中发现的危险品检验不合格和伪瞒报典型案例；加强对各隶属海关一线商品检验业务指导和督查工作。2021年，拉萨海关查获2起出口烟花爆竹、1起"可发性聚苯乙烯"伪瞒报案件，查处危险货物500件，共11.96吨，货值47.77万元，此3起案件被总署商检司采用后，以典型案例转发全国海关作执法参考借鉴。2021年，海关总署对法检目录进行动态调整，涉及进口机电产品、金属材料、化工品、仿真饰品、再生原料、出口钢坯、生铁、化肥297个10位海关商品编号的法检目录商品。拉萨海关第一时间集中学习，了解掌握检验工作要求，及时向总署上报工作情况。严格按照"产地检验、口岸查验放行"工作要求，圆满完成4批1,500吨、货值355.72万元尿素出口尼泊尔检验监管工作。

【放管服改革】2021年，拉萨海关严格落实总署推进的"放管服"改革，取消进出口商品检验鉴定业务的检验许可。全年拉萨海关对辖区拉萨海关技术中心、中检集团西藏分公司2家进出口商品检验鉴定机构进行实地调研和监督检查，对发现的3项问题已督促企业整改。

【进出口商品质量安全风险预警】2021年，拉萨海关根据总署进一步完善进出口商品质量安全风险预警和快速反应监管体系相关工作要求，为进一步完善拉萨海关进出口商品质量安全风险预警监管体系，多次与吉隆、聂拉木等业务量较大、进出口商品代表性较强的隶属海关进行深入沟通交流，积极探索拉萨关区二级风险监测点监测和风险评估工作模式。同时积极配合总署最新上线进出口商品质量安全风险管理信息化系统工作，持续开展拉萨海关进出口商品质量安全风险管理系统授权、培训、上线运行等工作，督促指导隶属海关进行系统信息采集，对历年来11条不合格进出口商品信息进行补录。

【助力地方经济高质量发展】2021年，拉萨海关多次专门组织业务骨干上门走访调研西藏天圣消毒制品有限公司、三通医疗及西藏医用氧相关生产企业，以"点对点、一对一"形式对拟出口酒精消毒液、84消毒液、液态医用氧等防疫物资（涉危产品）进行政策法律法规宣讲和业务咨询解答，得到了企业的一致好评。积极与地方相关部门沟通协调，与西藏自治区市场监督管理局签订《西藏自治区市场监督管理局 拉萨海关关于〈建立进口产品缺陷信息通报和协作机制〉的备忘录》，同时多次参与《西藏自治区第三极区域品牌建设五年规划（2021—2025）》《西藏自治区贯彻国家标准化发展纲要实施意见》制定等工作。

【进出口危险货物及其包装检验岗位资质培训】2021年，拉萨海关共组织148人次参加3期总署开展进出口危险货物及其包装检验岗位资质培训，通过网络直播培训、集中在线考核、专家互动答疑等形式，2021年底共有84人分别取得进出口危险货物及其包装检验监管、出口烟花爆竹检验监管、出口打火机检验监管岗位资质。进出口危险货物及其包装检验监管资质人员已实现隶属海关全覆盖，关区一专多能、一岗多能复合型骨干不断增加和充实；通过"教、学、练、赛"一体化的方式，制订拉萨关区2021年进出口危险化学品及其包装检验岗位练兵和技能比武实施方案，共组织动员关区71名关员参加总署开展的商品检验业务领域"万人争先"线上练兵活动，1名关员荣获全国海关"万人争先"线上练兵百强称号。为贡嘎机场、八廓两个隶属海关配发危险货物及其包装检验监管个人防护服，开展1期进出口危险货物及其包装检验监管、危险化学品检验个人防护服穿戴使用的专题培训。

【打击假冒伪劣】 2021年，拉萨海关对医用口罩、医用防护服、呼吸机等出口防疫物资实施检验监管，严防掺杂掺假、以假充真、以次充好或者以不合格冒充合格的商品出口。特别是加强对地方政府援助出口尼泊尔防疫物资的检验监管工作，维护"中国制造"大国形象。

【助推国产汽车出口尼泊尔】 2021年，拉萨海关为助推国产汽车出口尼泊尔，在口岸设立专门窗口；建立关企联络员，"一对一"指导企业规范申报，开辟整车出口专用临时监管通道；采用无纸化通关、许可证快速核销、随到随查、快速机检等通关便利措施，确保汽车出口海关监管工作"零延时、零耽误"。全年检验出口尼泊尔整车806辆，货值1.45亿元，同比分别增长7.92倍和7.6倍。其中新能源汽车出口419辆，以小客车为主，同比增长9.74倍；汽柴油车主要以货车、客车及铲运车及叉车为主。

【法定检验商品以外进出口商品抽查检验】 2021年，严格落实海关总署关于组织开展全国海关法定检验商品以外进出口商品抽查检验工作要求，拉萨海关对2批出口儿童自行车、儿童滑板车、儿童玩具、塑料食品接触产品等商品开展抽查检验，未检出涉及安全、卫生、环保项目不合格商品。受疫情影响，拉萨关区各个口岸无进口通关业务，未对进口商品开展抽查工作。

（撰稿人：扎西达瓦）

口岸监管

【概况】2021年，拉萨海关在拉萨海关党委的坚强领导下，拉萨海关口岸监管各项工作取得进展。自疫情发生以来，拉萨海关落实口岸疫情防控各项口岸监管措施，密切配合地方联防联控机制，及时制订并调整优化口岸监管检疫方案，严格落实"外防输入"及口岸监管各项要求，全力促进西藏外贸发展。

【运输工具监管】2021年，拉萨海关严格落实"客停货通""点对点、零接触"交货模式和"三个100%"检疫监管要求，聂拉木海关创新提出"甩挂"监管模式，动态调整监管措施，不断提高通关能力，日均监管甩挂车辆由年初的3辆次、6个集装箱增加到13辆次、26个集装箱；隶属吉隆海关采用"倒装"模式，通过与地方联防联控部门联系沟通，不断优化监管模式，日均监管倒装车辆由5辆次增加到9辆次，逐步提升口岸通关能力。

【货物监管】2021年，拉萨海关不断优化完善口岸监管模式，提高口岸货运通关能力，落实口岸"单向出口货通"要求，2021年全年共监管进出口货物9.97万吨，货值52.65亿元，统筹兼顾疫情防控及西藏外贸发展。开展"龙腾行动2021"知识产权保护专项行动，查获出口环节涉嫌侵犯知识产权货物4.8万件（个）、价值174.1万元，同比增长6.4倍、3倍。查获3起、500件伪瞒报出口危险货物，货值47.77万元。首次在出口货运渠道连续查获3起违规出口危险货物案件，均被收录至总署进出口危险货物及其包装检出不合格典型案例，涉及烟花、聚苯乙烯等危险货物，涉案货物10.94吨，案值37.67万元。

【场所场地监管（特殊监管区域管理）】2021年，拉萨海关持续推动口岸监管作业场地设施的完善。通过参与审核设计图纸、流程设置，推动里孜口岸开放，扭转地方政府建设误区，争取地方政府对海关防疫、查验设施设备投入资金，为下一步里孜口岸高水平开放打下坚实基础。优化关区各集中作业场地规范化建设，持续推进普兰、亚东边民互市贸易场所和贡嘎机场、普兰货物查验场规范化建设工作。争取地方政府支持，推动关区各口岸卫生检疫区改造工作。推动拉萨综合保税区通过预验收，多次赴拉萨综保区实地勘察指导，对入区企业开展政策宣讲，邀请内地海关专家开展验收和实操专题培训，与总署联系对接，协调自治区相关部门做好拉萨综合保税区正式验收前的各项准备工作。强化口岸疫情防控能力。根据疫情形势发展变化，动态调整口岸疫情防控监管措施，指导口岸海关把好疫情防控关；积极向自治区经信厅争取到检疫监管设备专项资金，配发卫生检疫监管设备，极大提升关区卫生检疫监管效能；通过实地、视频监控系统加强检查，统计上报各类疫情防控数据1,403份，完成监控指挥中心常态化值守1,095人次，视频检查365次，发现问题105项，均整改完毕；强化技能培训，共开展集中培训2次、线上培训4次，累计培训102人次。

强化口岸安全管控能力。开展关区查验质效评估，提高关区查验规范性，开展口岸环节反恐维稳应急演练；完成关区各口岸基本情况、指定监管场地情况、药材进口口岸情况、尼输华植物产品进展情况等多个综合性报告，为决策提供参考；强化打击"洋垃圾"、象牙等濒危物种及其制品走私等违法犯罪活动，严打涉"藏独"类反宣品，持续开展"扫黄打非"专项行动，印发查缴违禁品处置操作指引、芬太尼类物质海关监管查缉工作方案等文件，2021年全年共查获各类违禁品1,847件。系统推进安全生产工作。成立安全生产工作领导小组，扎实开展关区"安全生产月"活动，深入开展对监管作业现场安全、口岸卫生检疫、进出境动植物检疫监管、进出口食品安全监管风险隐患等方面排查6次，确保关区安全生产全领域"零事故"。加强邮递物品监管。强化监管，优化服务，扎实开展邮递物品监管工作，切实实施100%过机查验、布控+异常开拆查验。优化邮递物品监管作业现场布局，规范邮检现场即决式查验监管工作流程，完成邮递物品监管点场地改造和设备升级，邮递物品监管智能化、规范化建设进一步推进；结合"我为群众办实事"实践活动，梳理了部分国家对邮寄进境邮包的限制性规定，编制相关的宣传册发放给国内收件人，减少因邮件退运造成的损失；规范邮检现场即决式查验监管工作流程；督促邮政企业实现相关数据准确规范录入，推动邮政企业推广应用进出境邮递物品指尖申报程序；严格落实疫情防控工作部署，定期开展内部防控演练，组织内部防控和安全防护工作自查，制订《八廓海关入境邮包预防性消毒工作方案》等，在进出境邮递物品监管点设置独立防护装备脱卸区域，完善医疗废弃物移交处置流程，同时进一步厘清邮政企业消毒主体责任。2021年，共监管进出境邮件4,273件，其中进境3,341件、出境932件。严厉打击非法寄递外来物种和种子苗木行为，严防

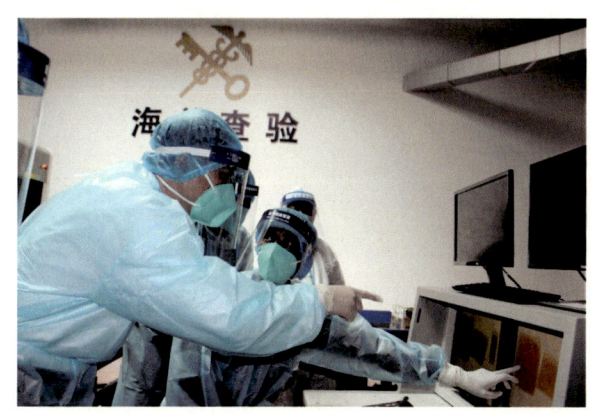

▲2021年5月12日，拉萨海关关员正在对邮包进行监管

外来有害生物入侵和动植物疫情传入。查获检疫截留物4批次，首次在进境邮件渠道中查获多肉类植物。

（撰稿人：刘　通）

统计分析及政策研究

【概况】2021年，拉萨海关认真贯彻落实全国海关统计研究工作会议要求，强化政治建设统领，下发《拉萨海关关于深入学习贯彻习近平总书记对统计工作的重要讲话和重要指示批示精神 进一步加强海关统计工作的通知》，进一步提高全关对统计分析及政策研究工作重要性的认识，夯实统计工作基础，强化数据管控要求，以"数据+研究"为抓手，加强贯彻落实和组织协调力度，统计分析及政策研究各项工作落实到位。

【统计调查】2021年，拉萨海关关区统计调查项目稳步推进。持续推动西藏自治区样本企业参与中国外贸出口先导指数调查工作，确保问卷填报及时率和完成率高于基准值，配合完成中欧班列、进口货物使用去向、跨境电商、经济区划代码等调查调研工作。配合完成统计分析司第三调研组到拉萨海关开展"加强海关统计基础工作调研"。

【报关单证档案管理】2021年，拉萨海关不断推进报关单证安全管理规范安全。进一步规范单证档案存放场所管理，由各隶属海关指定专人负责，按照贸易货物以及进出口等区分保管年限，予以分类、理单、编号、装订，加强各隶属海关纸质报关单证档案管理工作，定期开展自查工作，确保纸质报关单证档案库房符合防火、防盗、防鼠（虫）及防潮要求，提高安全风险防范意识，改善单证存放条件，加大日常监控力度，确保关区报关单证档案完整、规范和安全。加强对电子报关单证档案的审核力度，做好日常所有入库数据检控工作，做到入库必检、命中必查、逐票过关，有效保证报关单数据质量。严格执行报关单数据使用管理的各项规定，在报关单数据的调取查阅保存等各环节加强报关单管理的规范性，切实做好报关单数据使用安全管理工作。

【贸易统计】2021年，拉萨海关有效夯实贸易统计数据基础。充分发挥H2018海关贸易统计系统、检控功能，以通关作业系统为基础，对已结关的报关单数据进行贸易统计指标项目采集、审核和上报。应用报关单数据质量检控分析系统（CSD）和报关单日报子系统，加大对贸易统计各项指标对应关系的逻辑审核，密切掌握口岸重点商品和重点企业进出口情况，监测重点商品量值异动变化，加强对重点敏感商品的审核力度，多层次、多角度、多方面提升贸易统计质量。发挥贸易统计和业务统计数据逻辑关联功能，对H2018海关贸易统计系统和业务统计基础进行数据比对，特别对历次审计、内控和自查中所发现的易错记录进行有针对性、不定期的核查，更好地提升贸易统计的整体质量，确保贸易统计原始数据、基础数据以及应用数据的规范性、一致性、完整性和有效性，高质量做好贸易统计月度、半年度、年度数据审核及统计监督工作，关区贸易统计数据质量总体较好。

【业务统计】2021年，拉萨海关业务统计工作取得新的突破。坚持业务统计数据上报双人核查和多重自查，对监管、行邮、进口重点管理物品等相关数据进行重点监测和审核。根据关区业务特点，对业务统计指标进行优化调整，融合检验检疫统计业务，加强业务指标分析和数据挖掘分析，持续做好出口抗疫物资、对尼单项货通等业务统计工作，关区业务统计质量总体较好。在"数据+研究"工作机制基础上，进一步发挥好"拉萨海关业务统计新体系建设工作机制"作用，不断优化工作机制，积极派员参加统计分析司业务统计技术骨干选拔，表现较好。以客观考核指标为指挥棒，派员参加统计分析司业务统计基础工作组、业务统计技术骨干工作组和业务统计编辑组等工作，参加统计分析司课题组集中工作，业务统计工作取得新的突破。

【数据管理】2021年，拉萨海关严把统计数据安全防护关口。持而不息严格落实海关业务数据安全工作要求，严格执行海关统计数据管理规定，通过关区公告、微信工作群、宣传板报等多种途径，多措并举推动落实《中华人民共和国数据安全法》。强化内部控制，全面规范统计数据和信息安全管理流程，严格遵守各类统计数据系统使用规范和操作规程，加强统计系统端口访问控制，对统计数据的查询、提取、存储、使用等加强事前、事中、事后管理和防控。加强监控检查，努力做到防患于未然，严格遵守国家和海关有关数据使用的法律法规，对涉及海关业务秘密和管理相对人商业秘密的内容，实行严格的查阅权限控制。加强对数据使用的审批管理，严格落实调阅、查询工作要求，严格统计部门和数据管理部门双审核，严格甄别对外单位数据查询任务的性质，严控数据提供范围、时间。

【监测预警】2021年，拉萨海关监测预警形势分析有效辅助决策。紧紧围绕中央重大决策部署，充分利用海关数据资源和关区研究力量，做好统计监测预警，深入开展调查研究，敏锐把握、全面反映西藏自治区外贸转型升级、结构优化、动能转换和供需两侧出现的积极变化，增强对外贸运行趋势性、前瞻性和协调性的分析，及时捕捉需要引起注意的苗头性、倾向性问题，增强统计分析的时效性、针对性和实用性，切实为决策提供扎实可靠的参考依据。积极主动对接西藏外贸主体，开展"支持西藏外贸发展"相关课题研究，通过发放问卷、实地走访和电话调研等形式，及时收集掌握企业诉求，全景掌握外贸企业面临的内外部问题，有效推动外贸促稳提质，编辑发布《拉萨海关统计与研究》12期，含分析研究报告60余篇，为西藏自治区稳外贸工作提供了有力的海关数据支持。及时解读统计数据，宣传海关政策实施成效，重点跟踪西藏自治区外贸结构和份额变化，着重分析西藏各地市外贸特点及差异，及时向地方政府反映相关情况，向西藏自治区人民政府报送多篇专题分析报告并获批示。

【统计服务】2021年，拉萨海关统计服务安全便捷，做好海关内部各部门间的数据共享工作，在保证数据使用安全的同时，提高数据应用效率和效果，严格按照发布权限和发布程序开放海关统计数据。加大数据开放和新闻宣传力度，优化关区统计数据服务流程和层级审批工作，做到既安全又便捷，客观、真实、及时地向社会发布海关统计数据，为政府部门和社会公众提供良好的信息服务，积极撰写统计信息和新闻，宣传海关政策实施成效，扩大海关统计的社会影响力，巩固海关统计新闻宣传阵地。严格按照统计数据管理规定提供海关统计服务，充分了解海关统计数据的使用需求和价值，通过拉萨海关门户网站发布西藏自治区主要外贸数据，引导相关单位和社会公众通过多种途径便捷获取海关统计服务。在切实保障海关统计数据安全的前提下，向西藏自治区统计局、商务厅、口岸办、外汇管理局，拉萨市商务局、拉萨市经开区等部门提供60多次海关统计服务。

【课题研究】2021年，拉萨海关统筹关区各单位部门政策研究力量开展业务领域分析研究课题工作，围绕重点难点问题在海关业务、企业培训、疫情防控和海关管理等多个领域立项，形成2021年业务领域分析研究课题16个（其中关级课题10个、部门课题6个），并予印发推动完成结题等工作，多项研究成果在内部刊物刊发。积极参与总署牵头的《边境陆路口岸智慧海关建设研究》《海关保护生物多样性实践研究》研究工作，按分工完成有关部分撰写，两项署级课题已完成结题。

【编制"十四五"海关发展规划实施方案】2021年，拉萨海关积极开展《拉萨海关落实"十四五"海关发展规划实施方案》（简称《实施方案》）编制工作，成立由党委书记、关长为组长，各党委委员和一级巡视员为副组长，关区各单位（部门）负责同志为成员的拉萨海关落实"十四五"海关发展规划领导小组，领导小组下设工作专班，由一名一级巡视员统筹负责。召开党委会议，专题学习《"十四五"海关发展规划》（简称《发展规划》），并对配套实施方案和细化落实举措研究制定工作进行部署和安排。各单位（部门）主要负责同志作为本单位（部门）具体方案制订的责任人，密切配合并积极开展方案相关内容的研究制订和资料提供。为着力体现关区特色，确保总署任务举措承接到位，在吸纳关区文稿材料和其他长远规划的基础上，经两轮征求意见建议，形成《实施方案》。2022年12月24日，《实施方案》经拉萨海关党委会审议原则通过印发实施。《实施方案》包括3大板块、6个部分，共约3.1万字，锚定"建设社会主义现代化海关"远景目标，形成"一方案两清单"，明晰可量化易追溯的责任主体和实施路径，统筹推进拉萨海关"十四五"事业发展规划与总署和自治区各项工作任务有机融合。结合拉萨海关发展过程中的问题、短板和机构改革后中央赋予海关的新职责，细化形成38项重点任务和22项专栏任务。为准确把握"十四五"时期拉萨海关事业发展的特点和重点，把工作重心由工作方案转向具体落实，明确阶段性任务，实现《实施方案》分步实施、统筹推进，务求各项工作任务取得实效。拉萨海关将《实施方案》各项目标任务分解为《重点任务分工表》、《专栏任务分工表》、"两张清单"，进一步明确工作任务（含具体细化落实措施、预期目标或评估指标）和完成期限，实行项目清单化管理，明晰责任主体，实现可量化可追踪的具体工作推进方式。《重点任务分工表》包含34项重点任务、154项工作任务，《专栏任务分工表》包含21项专栏工程、98项工作任务。

（撰稿人：廖　明）

企业管理

【概况】2021年，拉萨海关坚持以习近平新时代中国特色社会主义思想为指导，以政治建设为统领，贯彻党中央、国务院决策部署，落实总署党委、拉萨海关党委工作要求，深化"放管服"改革，坚持强监管优服务，推动信用管理制度改革，着力构建以信用为基础的新型海关监管机制，创新开展信用培育、信用修复，高水平推进海关 AEO 高级认证工作，以"诚信"换"红利"实现海关监管与企业合规双赢，助力西藏外贸高质量发展。

拉萨海关报关单位注册登记和备案情况，截至2021年年底，拉萨海关报关单位累计共869家，其中，进出口货物收发货人826家（包括2家分支机构）、报关企业42家（包括1家分支机构），临时注册登记单位1家。2021年，拉萨海关报关单位备案83家，其中，进出口货物收发货人79家、报关企业3家（包括1家分支机构），临时注册登记单位1家。拉萨海关特定资质类备案情况，截至2021年年底，累计出口食品生产企业备案27家、进口食品进口商备案21家，供港澳蔬菜种植基地

▲2021年8月5日，拉萨海关开展实地走访调研

备案1家、出口食品原料种植场备案2家、进口肉类收货人备案3家。2021年，出口食品生产企业备案11家，进口食品进口商备案3家，出口食品原料种植场备案1家，进口肉类收货人备案1家。

【企业资质管理】2021年，拉萨海关持续推进报关企业注册"许可"改"备案"。2021年4月29日，中华人民共和国主席令第八十一号对《中华人民共和国海关法》作出修改，取消"报关企业注册登记"海关行政审批事项，改为备案制。拉萨海关严格按照总署工作要求，落实好改

革举措，对报关单位全面实施备案管理。在《中华人民共和国海关报关单位备案管理规定》发布后，第一时间组织学习，结合工作实际，优化关区报关单位备案流程，并做好宣传，将"允许同时备案为报关企业、进出口货物收发货人""报关单位备案有效期改为长期有效""允许非法人企业备案为报关单位""取消对报关企业不允许异地报关的地域限制"等亮点变化传达到企业，充分触发政策叠加效应，推动报关单位备案更加便捷高效，保障外贸经济稳定发展。

【多证合一】2021年，拉萨海关持续推进报关单位全面纳入"多证合一"。2021年12月，总署与市场监管总局联合下发公告，将海关报关单位备案全面纳入"多证合一"改革，于2022年1月1日起施行。这是总署和市场监管总局自2019年2月决定将《报关单位注册登记证书》（进出口货物收发货人）纳入"多证合一"改革后，对该项改革措施进行的一次全新升级。企业办理市场监管部门市场主体登记时，可通过"多证合一"方式同步办理报关单位备案一步办理，市场监管总局与总署实现数据共享，企业无须再向海关提交备案申请。通过该渠道办理海关备案，为企业提供了极大的便利，有效降低了企业制度性交易成本。拉萨海关贯彻落实总署关于"多证合一"改革的工作部署，全力推动改革实施，进一步优化释放报关企业"许可"改"备案"政策红利。积极同地方部门建立常态化联系机制，及时沟通联系，实现"多证合一"信息共享。加强与市场监管部门的联动配合，持续沟通系统运行、备案信息采集等工作程序问题，保障"多证合一"渠道畅通。多渠道加强政策宣传解读，一方面，利用微信群分享、线上宣讲、入企业园区宣传等"线上+线下"的模式广泛宣传"多证合一"改革政策，让更多企业了解更高效便利的备案渠道；另一方面，在尊重申请人自愿选择的前提下，主动向申请人介绍"多证合一"办理方式，合理利用该渠道，有效提升企业海关备案效率。

【海关注销便利化】2021年，拉萨海关推进海关注销便利化。拉萨海关积极贯彻落实"放管服"改革要求，实现注销便利化，优化海关服务，帮助企业"少跑腿"，节约企业时间成本。严格按照总署关于报关单位注销相关规定，规范报关单位注销工作流程，提高注销工作的统一性、规范性，确保企业注销作业期限在11个工作日以内，并以总署平台对接相关规定为指导，联合科技部门积极联系自治区注销"一网通办"平台建设，做好平台对接的前期衔接工作。

【证照分离】2021年，拉萨海关推进"证照分离"改革。拉萨海关深化"证照分离"改革，推动西藏高原特色食品出口，助力西藏外贸高质量发展。自2019年海关开始施行"证照分离"改革以来，改革的适用范围逐渐从自由贸易试验区扩展到全国范围。2021年，改革进一步深化，实施将"出口食品生产企业备案核准"和"报关企业注册登记""审批"改为"备案"改革举措。拉萨海关持续宣传"证照分离"改革红利，落实改革举措，优化服务，加大对企业的走访调研力度，深入了解西藏"水、茶、蜜、乳、菌"等高原特色食品生产企业出口意向，有针对性地开展"一对一"政策解读和流程指导，为企业解读文件、讲解备案流程、解答疑问，全力指导出口食品生产企业备案、种植场备案，有效缩短企业备案时间，扩大西藏高原特色食品出口。经过多方努力，林芝海关完成备案，并成功出口茶叶，实实在在将西藏特色产品送出了国门。

【报关单位备案】2021年，拉萨海关推进报关单位备案全程网办。扎实落实总署工作部署，对报关单位全面实施备案管理，推动报关单位备案全过程无纸化网上办理。企业可通过中国国际贸易"单一窗口"或"互联网+海关"向所在地海关提交备案申请、信息变更申请和注销申请，也可通过市场监管部门"多证合一"方式提交备案申请，无须前往海关业务现场提交纸质材料，可在线查看办理状态、打印备案回执，实现全流程"网上办""马上办"，企业备案"零跑腿"，有效降低了企业制度性交易成本，无形中提高了企业市场竞争力。

【信用管理】2021年，拉萨海关推进信用管理制度改革。拉萨海关充分认识到全面深化海关企业信用管理制度改革对构建以信用为基础的新型海关监管机制的重要意义，结合自治区工作实际，以政策宣传为抓手，开展信用培育，深入推进信用管理制度改革。按照《中华人民共和国海关注册登记和备案企业信用管理办法》，优化海关企业信用管理层级，将企业的信用状况分为"高级认证企业""注册登记和备案企业""失信企业"3种类别，落实信用培育、信用修复等一系列改革新规，大大提升了海关企业信用管理制度的法制化、规范化水平。采取入园宣传、政策宣讲、实地指导等方式，广泛宣讲海关信用管理政策，普及高级认证标准，让企业及时了解制度改革情况，让制度改革切实惠及企业。

2021年，拉萨海关编印汉藏双语AEO认证宣传册。拉萨海关以《中华人民共和国海关注册登记和备案企业信用管理办法》出台为契机，结合关区实际，创新宣传方式，会同总署企管司首次联合推出汉藏双语AEO认证宣传资料。2021年12月，将76,000份宣传册第一时间寄达藏、川、青、甘、滇五省（自治区）涉藏地区兄弟海关，实现海关信用管理政策全覆盖宣传，帮助广大进出口企业，尤其是许多存在现代化管理水平不高、企业管理制度缺乏、语言交流有障碍等现实问题的进出口企业，更加直观地了解和理解政策。

2021年，拉萨海关落实守信制度和违法惩戒的监管作用明显。拉萨海关坚持"诚信守法便利、失信违法惩戒"的原则，对不同信用等级的企业采用差别化管理，失信企业货物查验率、风险布控、稽核查频次等都严格于高级认证企业与注册登记和备案企业，企业通关效率和成本的增加，有效打击了企业失信行为。2021年11月1日，《中华人民共和国海关注册登记和备案企业信用管理办法》出台后，失信企业纠正失信行为符合条件的，最迟可在满一年后提出信用修复申请，企业信用修复时间缩短，相比于此前被海关认定的失信企业只有在连续两年未有失信行为后才能恢复信用等级，给了失信企业更大的纠错空间。拉萨海关通过加强与缉私、相关职能部门和各隶属海关的沟通联系，完善信息共享机制，掌握企业行政处罚情况，及时调整企业信用等级。针对关区存量失信企业，结合系统甄别情况实地探访，做好信用修复政策宣讲，对被列为失信企业期间表现较好且未出现新失信行为的，及时依法进行信用评估，按照程序予以上调企业信用等级。2021年，按规定下调3家企业信用等级，成为失信企业，上调1家企业信用等级。全年AEO认证培育工作成效显著。拉萨海关把强化信用培育、推进AEO认证作为促进外贸保稳提质的重要抓手之一。结合外贸企业实际情况，充分发挥海关信用管理职能，开创分类分层企业信用培育工作模式。对重点培育企业"一企一策"拟订个性化精准培育方案，对照企业生产运营和管理状况，逐条逐项解读标准，提出全流程、全领域的建议，进一步提升内控管理、守法规范以及贸易安全水平；抓住"西藏本地民营企业"薄弱环节，从守法规范性培育方面切入，引导企业树立现代化管理理念，建立和完善符合自身实际的系统的管理制度，逐渐打破西藏民营企业人才紧缺和管理缺陷对发展造成的制约，从根本上强化企业内控管理，达到AEO高级认证企业标准。以信用管理制度改革为契机，强化AEO认证培育。深入重点企业生产运营现场，引导企业从内部控制、财务状况、守法规范、贸易安全等方面规范内部管理，帮助企业强化诚信守法意识，提高诚信经营水平。通过培育，助力更多企业提升信用管理水平成为AEO高级认证企业，充分享受守信激励的政策红利。通过积极有效的引导和培育，某企业按照要求开展了配套的规范整改，企业总体经营管理水平明显提升，达到了高级认证企业的标准，于2021年7月通过认证审核，顺利成为高级认证企业，实现关区AEO高级认证企业"零的突破"。该企业的成功认证，以点带面，激发了西藏企业的积极性，掀起关区更多外贸企业积极申建成为海关认证企业的浪潮，积极为西藏经济社会稳定发展助力。拉萨海关通过"送法进企业、送宣讲到园区"等活动载体,向企业开展守法规范性培育2次,AEO认证培育10余次,受众企业57家、地方相关部门5个、新增高级认证企业1家。主动联系地方相关单位,为外贸企业争取政策红利。通过积极地建言献策,为进出口企业争取到"获得海关高级认证企业奖励100万元、一般认证企业奖励50万元"地方政策红利。

(撰稿人:巴桑央金　李雪娇)

稽核查

【概况】2021年，拉萨海关稽核查、属地查检聚焦"国之大者"，认真落实习近平总书记重要指示批示精神，贯彻落实总体国家安全观，坚决维护国门安全，深化"放管服"改革，准确把握新发展阶段，深入贯彻新发展理念，服务构建新发展格局，切实转变观念，加强协同作战，改革优化稽查工作机制，有效履行稽查使命，推动雪域高原现代化海关稽查工作高质量发展。构建更加顺畅协调的核查工作机制，核查工作成效有所突破。根据总署企管司职能调整情况，积极履行属地查检职能职责。

▲2021年3月29日，拉萨海关对昂嘎企业开展稽查工作

【稽查业务改革】2021年，拉萨海关充分领会新形势下总署党委推动稽查改革在提升稽查查发效能、进一步提升维护国门安全能力、优化口岸营商环境等方面的重要意义，迅速落实总署稽查业务改革系列要求。按照稽查改革工作部署，在关区内取消常规稽查，采取不经事先通知的径行稽查措施。以改革为动力，将"查发问题、堵塞漏洞、防范风险"作为关区稽查工作的靶向，大力推动稽查理念向"以查发为导向"转变，立足关区实际，研究提出7条重点措施，制定印发《拉萨海关关于贯彻落实全国海关稽查改革推进会议精神的实施意见》，为落实好海关稽查改革工作提供制度遵循，以确保关区稽查改革措施落实落细，稽查工作提质增效。在此期间，拉萨海关及时找准企业现状与精准查发的切入点，针对关区非生产型贸易企业与生产型贸易企业比重不均衡、有实际进出口业绩企业与常年无进出口业绩企业比重不均衡、属地备案属地经营企业与属地备案异地经营企业比重不均衡的"三不均衡"问题，转变以往"单打独斗"的稽

查工作方式，一方面，坚持问题导向，有效利用关区现有资源，充分统筹整合业务均衡度、专业能力和骨干人力等资源，实现差异化互补。在各司其职、各负其责的同时形成协调高效、反应迅速、执行有力的联合稽查工作机制，加快补齐短板、加长长板；另一方面，积极争取总署理解和支持，充分引用全国海关专家资源，对拉萨海关重要涉税稽查案件"扶一把、帮一下"，同时发挥集约审计、会计、特定资质、通用资质、法律等人才资源，参照总署模式筹备建立关区层面的"稽查骨干人才库"，形成专家、骨干领头带队的"雁阵格局"，不断提高稽查队伍的实战能力、震慑能力，确保后续监管严密、高效、有序，全力以赴，为下一步有效应对西藏外贸企业数量增长，深化稽核查改革、优化稽核查方式进而优化营商环境做好准备。

【专项稽查行动】2021年，拉萨海关坚持提高政治站位、坚持以人民为中心、坚持高质量发展、坚持系统观念，稳步开展稽查作业。2021年，拉萨海关在特殊关系影响成交价格、进口减免税航材和进口减免税种牛违反海关监管规定、税则号列申报错误及运保费漏报等专项稽查方面均有实质性查获，为关区综合治税贡献了应有力量、丰富了稽查查发经验。共计开展专项稽查作业4起。

【核查业务】2021年，拉萨海关深入推进"稽查集约化、核查属地化"改革部署，以落实《海关核查操作规范》为契机，在关区内基本形成职能部门有效引领、隶属海关现场作业的良性格局。在核查业务工作中，发挥两个主动性：主动发现风险点，与关税等部门联系协作，以核查方式全面掌握关区内使用进口减免设备存在的问题，并督促整改；主动牵头，积极与动植食、商检等部门商讨建立定期管理类核查对象库事宜，推动开展定期管理类核查作业。2021年，拉萨海关共计开展核查作业16起，实现核查工作新突破。同时通过核查作业，维护西藏市场秩序、促进产业发展，帮扶企业提升管理水平，规范企业制度，增强市场竞争力，助推企业高质量发展。在开展部门间联合抽查工作方面，拉萨海关作为西藏自治区联合"双随机、一公开"监管工作联席会议办公室成员单位，依据《海关总署关于在核查领域开展部门间联合抽查工作的指导意见》，积极配合西藏自治区相关部门开展联合监管工作，派员参加西藏自治区"双随机、一公开"监管工作业务培训会议并向自治区部门联合"双随机、一公开"监管工作联席会议办公室报送抽查工作计划。2021年，与西藏自治区市场监管部门联合，对某对外贸易企业开展联合监管，监管结果通过西藏"双随机、一公开"监管平台公示。

【接收主动披露】多年来，按照总署有关要求，拉萨海关在西藏自治区政府部门、企事业单位、拉萨海关注册企业等各个层面、各个方面，通过线上、线下双渠道开展海关主动披露政策宣讲活动，充分释放主动披露利企红利，积极为企业提供自我纠错的有效途径，引导企业规范经营，依法享受政策红利，形成企业自律、主动报告、及时纠错的诚信驱动机制，推动构建海关与企业协同共治格局。2021年，拉萨海关接收主动披露1起。

【属地查检】2021年，拉萨海关在总署党委的坚强领导下，认真贯彻落实党中央、国务院关于安全生产和疫情防控的工作要求，严格对标对表属地查检相关工作部署，狠抓落实、常抓不懈、加强监督，切实防范化解属地查检过程中的各类风险隐患。立足区域特点、边关实际，严密危险化学品监管、严守生态保护底线。狠抓属地查检领域安全生产，实现各业务现场涉危突发事件"零"发生。切实加强危险化学品进出口管控，针对疫情发生后吉隆口岸、樟木口岸实行"单项出口货运通道"实际，严格做好出口危险化学品属地查检环节安全监管，对辖区危险化学品及包装进行全覆盖采样送检。拉萨海关为满足企业通关需求，提供属地特色查检服务。结合企业资信管理，推行风险货物分类属地监管机制，对低风险货物采用"风险研判+综合评定"模式，高级认证企业符合条件可定期内免于重复抽样。大力推广海关监管政策咨询、关企沟通专员协调，主动对接西藏第三极特色产业链等重点项目，降低企业制度性成本。落实责任管理，明晰层级"安全红线"。深入贯彻落实总署关于海关系统安全生产和疫情防控的工作部署和有关要求，层层压紧压实内部管理责任，明确安全生产和疫情防控为第一要务。规范隶属海关查检人员现场作业，从严、顶格做好个人防护，规范监督消毒、现场查检、采样送检各环节操作，着力加强业务培训，全力保障属地查检业务领域疫情防控工作。不定期对属地查检指令接收、作业实施、疫情防控、安全生产、随机选人等落实情况进行监控检查，提高监管效能。2021年，拉萨海关开展属地查检货值共计4.02亿元，主要涉及货物有矿泉水、山羊绒、原味青稞麦片、医用氧、液态氧、尿素等。贸易国别（地区）为尼泊尔、印度、加拿大、新加坡、中国香港、中国澳门。

（撰稿人：郑　皓）

查缉走私

【概况】2021年，拉萨海关关区行政一般案件立案13起，案值584.29万元，没收违法所得67.12万元，行政案件质量考评列全国海关第27名，达到历史最好水平。

【打击走私】2021年，拉萨海关缉私局深入开展"国门利剑2021专项行动"严厉打击"洋垃圾"、濒危物种及其制品走私，查获走私象牙、濒危动植物案件6起；"洋垃圾"、涉疫物资走私保持"零"发案，保护了高原生态环境安全。首次在货运渠道查获危险物品10.94吨，顺利完成中国共产党成立100周年和西藏和平解放70周年口岸安保任务。在边境管控较为严格的情况下，查办走私案件17起，案值979.71万元，多起案件被《西藏日报》、西藏电视台、人民网、中国网、新浪网等多家媒体转载，引起社会广泛关注。

缉私部门积极适应新形势新要求，以实战为导向，以"智慧缉私"为抓手，统筹疫情防控工作，持续推进缉私专业化建设，不断提升打私专业能力和水平。强化对边境的巡查，实现对走私态势的有效掌控，认真分析研判，实现对走私活动的事前预警和精准打击，刑事立案4起。加强战区内和跨战区联查联控、联防联动；初步建立立体化查缉模式，激发生成新的战斗力；加强与地方公安、边检等部门的联系配合，联合打击走私及关联违法犯罪，移交1起涉及国家安全的案件线索。

▲拉萨海关缉私局查获走私品

【制度建设】2021年，拉萨海关缉私局始终坚持制度先行，主动对接法律法规最新精神，有效衔接自身改革发展的最新要求，修订完善各项制度，堵塞执法漏洞，使内部办案标准更清、程序更严。全面实施"两统一"工作机制，进一步强化法制监督管理职责，切实把好案件事实关、证据关、程序关和法律适用关，不断提高刑事执法水平和办案质量。

强化绩效考评，着力提升反走私绩效值指标。缉私部门与各业务现场共同查找监管薄弱环节和风险点，建立工作配合机制，将解决突出问题与完善配套制度紧密结合，建立健全执法统一的长效机制。加大对关区现场部门办理案件的业务指导力度，明确受理范围、程序、时限、法律文书制作等实体与程序要求。强化办案成果反馈，使案件或线索移交部门能够及时掌握案件处理结果。适时召开海关业务现场研讨会，就现场办理案件处理范围等问题进行规范，有针对性地加强现场监督工作，及时堵塞执法漏洞，提升监管缉私整体效能，提升拉萨关区反走私绩效值指标。

【队伍建设】2021年，拉萨海关缉私局加强队伍专业能力建设。继续完善象牙等濒危物种及其制品走私打击模型，不断拓展涉案重点人员信息库，力求通过对走私团伙重点人员关系网络、活动规律的全息画像，对高危人员异常活动开展跟踪预警，探索实现由"跟着案件跑"的被动打击模式向"预测预警防控"的主动打击模式转变；逐步建立健全训练考核、结果运用等实战大练兵长效工作机制，提升民警综合素质。在巩固教育整顿成果基础上，继续深化执法领域顽疾整治，教育引导执法人员切实把严格规范公正文明执法要求落到实处，不断提高运用法治思维和法治方式打击走私违法犯罪的能力。严格执行"三个规定""六个严禁""六项规定"，加强条线监督、贯通内外监督，一体推进惩治震慑、制度约束、警示教育，持之以恒正风肃纪，严防廉政风险和执法风险，努力锻造"三个绝对""四个铁一般"的缉私铁军。

【打击走私综合治理】2021年，拉萨海关缉私局充分依托自治区打击走私综合治理办公室平台，积极担当，主动作为，持续深化反走私综合治理，发挥好"平安建设"考核指挥棒作用，积极推动各级政府充分发挥打击走私基础性作用，继日喀则、阿里之后，拉萨、山南、林芝、那曲相继成立打私办，为打击走私综合治理工作的组织领导、统筹协调提供了有力保障。强化顶层设计，研究制定海关查获冻品和非法入境固体废物移交地方处置政策落地措施，有力化解走私冻品处置中的食品安全和廉政风险。全国反走私调查研究中心赴藏调研组与各成员单位召开座谈会，就加强区域合作达成共识。加强与全国反走私调查研究中心的联系沟通，完成全调中心在藏调研工作，争取全调中心设立西藏工作站，为深入开展调查研究工作打下基础，我区2名全调中心特聘研究员获得全国打私办通报表扬。缉私局与西藏自治区高级人民法院、自治区人民检察院联合开展规范走私犯罪案件办理专项工作，研究探讨走私案件法律适用标准、证据审查标准的一致性与协调性等问题，确保案件审判达到预期的法律效果和社会效果。

在"12·4"国家宪法日以及重大案件侦办时间节点，以反走私案例为典型，开展多渠道宣传报道20余次，教育广大群众知法、懂法、守法，引导全社会参与打击走私。组织开展反走私进校园、进商场等集中宣传月活动，通过张贴海报、游戏互动、发布微信（微博）等形式，开展丰富多彩的打私宣传教育活动，提高群众参与度，营造"不敢走私、不能走私、不想走私"的社会舆论氛围。

（撰稿人：旦巴江措　苏　赛　德吉央宗）

第五篇

综合保障

政务管理

【概况】 2021年，拉萨海关落实全国海关工作会议和全面从严治党工作会议精神，对全关区精文减会、政务公开、政务信息、新闻宣传、机要保密、档案管理等政务工作从严要求，加强政务管理，规范政务运行。始终将政治机关建设摆在第一位，以习近平总书记重要指示批示精神和党中央决策部署为指导，不断强化政务管理能力建设，持续提升践行"两个维护"制度化和规范化水平，推动习近平总书记重要指示批示精神和党中央决策部署在全关落地落实。加强机关作风建设，推进全国海关系统整治形式主义为基层减负工作在拉萨海关落实落细。实施边关22条措施、凝心聚力16项举措、"五小"工程、"生命工程Ⅱ"开通高原边关暖心直通车4件实事。发挥政务枢纽作用，推进会议管理、公文处理、督查督办、保密档案等工作，保障全关各项工作高效运行。强化政务品牌培树，政务信息、政务公开、新闻宣传等工作成效明显。值班应急值守工作规范有序，全年未发生重大突发事件。严格落实新冠肺炎疫情内部防控工作，做到内部人员零感染。1人被评为全国海关保密工作劳动模范，1人被评为西藏自治区全区党委系统信息报送工作先进个人。

【应急值守】 2021年，拉萨海关持续做好关区应急值守工作，全年应急值班工作正常，未发生重大突发事件。着重对元旦、春节、五一劳动节、中国共产党成立100周年等重要时间节点，面对应急值班人员开展应急值班值守专题视频培训，明确应急值班工作要求，落实三级值带班制度，加强值班检查和通报频次，做到每次值班检查全覆盖，重要时段节点执行双人24小时在岗值班，开展护院巡逻，1,506人次参与值带班工作，建立《值班检查台账》并进行规范管理。同时优化落实会议管理、维稳值班、内务督查、准军建设等多项工作机制，关区制度建设取得实质性进展。持续完善防控机制，先后制订3个版本应对突发疫情防控方案，及时调整疫情防控措施，切实提升应急处置能力。

【政务信息】 2021年，拉萨海关认真贯彻落实总署党委部署要求，聚焦中央关心、总署关注、社会关切的重点热点优化工作机制,创新工作方法,强化政务信息处理能力,不断提升工作质效。立足海关职能,围绕中心工作和海关重点工作,及时开展分析调研。牢固树立精品信息意识,推动关内信息增量提质。向自治区党委、政府报送信息144篇,获评"政务信息报送工作先进集体"。

【会议管理】2021年,拉萨海关加强统筹协调,强化推动落实,切实推进精减会议数量、提升会议效能。认真落实精减会议、改进会风要求,严格执行会议审批制度,减少会议数量、控制会议时间、提高会议质量。落实"第一议题"制度,规范"第一议题"收集和整理,推动拉萨海关坚决落实"两个维护"规范化、制度化、体系化建设。全年历次党委会、形势分析及工作督查例会均将学习贯彻习近平总书记重要指示批示精神作为"第一议题",提升形势分析及工作督查例会规范性,开展"第一议题"和例会制度落实情况"回头看",推动例会制度落实到位。

【公文处理】2021年,拉萨海关坚持准确规范、精简高效、安全保密办文的原则,提高公文处理效率和办文质量,科学有序开展机关收发文处理工作,未发生延误或错发、漏发情事。聚焦提高机关发文办理质效,组织开展覆盖全关的公文办理培训,落实发文部门撰稿人第一责任人、多人复核、双人唱校机制,加强对发文稿件立场、表述、意志的政治性审核把关,健全完善分级分类错情考核评比及通报机制,全年重要文稿未出现政治原则性错误。围绕"精简文件"目标任务,加强发文统筹管理,实施发文数量动态监控。严格落实精文减会要求,关区发文数量同比减少31.48%,精简口岸疫情防控数据表,解决数据重复报送问题。

【督查督办】2021年,拉萨海关把落实习近平总书记重要指示批示精神作为首要政治任务,从实从细抓好督查督办党委会、形势分析及工作督查例会。完善督查督办流程,建立督查台账,对重点事项进行立项、督办、汇总和汇报。学习贯彻《政府督查工作条例》和《国务院办公厅印发关于贯彻实施〈政府督查工作条例〉进一步加强和规范政府督查工作的通知》,开展集中学习研讨。围绕疫情防控,建立健全常态化疫情防控监督检查机制,以"四不两直"方式加强常态化疫情防控。监督检查打击"洋垃圾"和濒危物种及其制品走私、落实中央八项规定精神等重点工作,深入基层单位开展实地督查,全面掌握重大决策部署在基层贯彻落实情况。围绕重点工作任务及落实,持续推动过程管理精细化,年度关区重点工作任务均按期完成,对关党委部署事项进行清单式台账管理,强化月度日常督查,督促相关部门加强工作分析和总结提炼,逐个督办、逐项销号。围绕中央为基层减负工作总要求,出台解决形式主义突出问题为基层减负具体措施,推动精简、合并相关材料和检查,压减日常督办检查考核频次,拓展督查结果运用，提出改进工作的对策建议，持续补足短板、堵塞漏洞，举一反三解决同类问题。

【保密档案】2021年，拉萨海关不断加强保密工作。邀请自治区党委机要局专家开展法治宣讲1次，组织观看保密警示教育专题片2次、保密法治教育专题片2次。扎实开展档案管理工作。完成相关资料的编制工作和永久文书档案移交总署档案馆的整理、数字化工作任务。《"云端国门"——亚东海关》被《追寻红色记忆 传承红色基因——海关档案故事100篇》收录。

【政务公开】2021年，拉萨海关聚焦营商环境优化，立足新发展新理念，积极推进政务公开和政务服务，打通服务企业群众"最后一公里"，年度政务公开考核、各季度门户网站考核获满分。夯实基层政务公开标准化规范化建设基础，立足政务网、门户网站及新媒体平台，打造渠道丰富、响应及时的线上综合服务平台。紧贴群众关切，加强热点梳理，提升回应效果，执行12360海关服务热线"7×24"小时人工服务运行受理机制，提升12360海关服务热线服务水平，答复准确率100%。拉萨海关门户网站新增模块2项、栏目4个，及时高效协调解决群众反映问题2件。

【新闻宣传】2021年，拉萨海关着重关注新闻宣传的选题策划，积极与宣传部门和主流媒体沟通协调，认真落实"应宣尽宣"工作要求，紧紧围绕中心工作和重点任务，积极宣传关区贯彻落实习近平总书记重要指示批示精神、全力维护国门安全、强化监管优化服务、促进外贸高质量发展等方面的工作成效，全年编发新闻稿件多次被各级主流媒体采用，2条视频被中央电视台采用，3条视频画面被西藏电视台采用，1篇报道在新华网海外版刊登并被10余家国内外媒体转载。

(撰稿人：石晓云　周灵霞　胡　刚　　洪　杰　熊官清)

财务管理

【概况】2021年，拉萨海关深入贯彻学习习近平新时代中国特色社会主义思想和党的十九届历次全会精神，扎实开展"三更"专题教育，深入开展党史学习教育，全面履行服务保障职责，不断提高财务管理水平，为拉萨海关改革发展提供坚强的财务保障。

【税费财务管理】2021年，拉萨海关切实增强责任感和使命感，把好税收入库的最后环节，确保国家税款应收尽收。

【预算管理】2021年，拉萨海关牢固树立"过紧日子"思想，全面统筹自有资金、财政拨款、事业单位收入等各类资金，优先保民生、重点保运转、精准保发展，压紧压实"过紧日子"责任要求，不断优化支出结构。

【涉案财物管理】2021年，拉萨海关规范涉案财物管理，完成本级涉案处置23批，其中拍卖1批、销毁3批、移交19批，主要为宝石、侵权货物、濒危动植物及其制品等，严格按照相关规定上缴处置收入，处置过程严格遵守公平、公正、公开原则。落实总署查获走私冻品及非法入境固体废物归口处置移交工作，与西藏自治区政府建立走私冻品及固体废物归口处置移交机制，明确归口地方处置的主管部门。

【基建管理】2021年，拉萨海关加强基建过程管理，全面提升管理效能，实现基建过程管理无死角。积极申报立项边关生活设施保障能力提升工程。开展实地调研，精确了解各边关生活设施保障需求，精心编报拉萨海关边关生活设施保障能力提升工程项目可行性研究报告，项目获得总署批复立项，将有效提升拉萨贡嘎机场海关、日喀则海关、狮泉河海关3个隶属海关生活设施保障能力。为满足自治区消防新规范要求，保障关警员生命财产安全，经与总署财务司多次沟通协调，拉萨海关机关北楼消防及附属设施维修项目获得批复立项。统筹口岸应对重大疫情项目资金，向隶属普兰海关下达《拉萨海关关于隶属普兰海关生物安全二级实验室建设项目初步设计和投资概算的批复》。本级在建项目平稳有序推进，同时继续做好关区基建项目组织、实施和预算执行过程中的监督督促工作，积极推进拉萨海关基建项目预算执行进度。加强和规范关区基本建设管理，规范管理程序，健全投资决策机制，有效防控风险，强化质量管理，提高投资效益，制定印发《拉萨海关基本建设管理实施细则（试行）》。认真贯彻落实习近平总书记关于安全生产和疫情防控的重要指示批示精神，严格落实主体责任，落实拉萨疫情防控内部管理要求，定期检查基建现场施工安全和疫情防控措施落实情况，力保基建安全生产和疫情防控万无一失。

▲2021年7月17日，拉萨海关邀请拉萨市住建局赴拉萨海关组织有关消防工程验收工作

【疫情防控物资保障管理】2021年，拉萨海关落实习近平总书记关于疫情防控的重要指示批示精神，按照总署、拉萨海关党委关于防疫物资向一线倾斜、顶格配置的要求，结合新冠肺炎疫情常态化防控、打好持久战，从严从实、抓紧抓细，精确分析、定期核查，持之以恒做好防疫物资保障工作。因地制宜，建立拉萨、日喀则、狮泉河三点物资储备仓库，完善关区物资储备体系，各隶属海关及业务一线严格按照最低保障期限要求进行日常防疫物资储备、核查，确保关键时刻"拿得出、用得上"；多渠道配备防疫物资，全年入库防疫物资28万余件，其中自行采购20余万件，向总署及地方联防联控单位申领物资近8万件；加强仓储安全生产管理，落实以"四不两直"方式开展常态化疫情防控监督检查工作，采用仓库盘点核查、节前安全检查等多种形式开展防疫物资保障工作检查；在日常工作中严格落实仓库出入库管理及防疫物资领用审批制度，定期盘点、先入先出、严格把关，控制入库物资标准，杜绝物资浪费；完善疫情防控档案资料归集，完成2020年度相关档案移交工作；上报防疫物资管理分析报告、报表100余次，科学、精准研判。

【资产管理】2021年，拉萨海关落实"过紧日子"要求，加强资产管理，充分利用现有资产，不断提高资产利用率，盘活存量资产，完成2016年资产清查账务处理工作。

【采购管理】2021年，拉萨海关不断完善制度建设，完成《拉萨海关采购管理实施细则（试行）》修订，严格执行采购项目审批报批要求，加强采购监督，防范非执法领域廉政风险。2021年开展政府采购事项13项，召开采购工作领导小组会议9次，审议采购议题29项。

（撰稿人：苏伟军　陈玉珍　罗维昆　　　　　康　玲　彭洪娥）

科技发展

【概况】2021年,拉萨海关主要承担科技发展、科技装备保障、科研管理、实验室规划、信息化建设、网络安全及信息化标准规范等工作。科技发展和创新既是新海关事业发展的核心战斗力,也是新海关加快业务融合的关键载体和重要保障。科技处人员编制9名。其中,实验室与设备管理科3名,网络与信息安全科3名,正处级领导职数1名、副处级领导职数2名。

【信息化建设】2021年,拉萨海关不断强化信息化建设。扎实开展科技人员跟班作业活动。结合党史学习教育"我为群众办实事"实践活动,先后组织3批科技人员、共计11人线下实地开展跟班作业,共征求关级问题99项,已全部解决;署级问题2项,已提交总署专家组协助解决。此举既锤炼了科技人员队伍,提升了科技服务供给能力,还大大提升了基层一线关警员科技应用的获得感、幸福感。积极推进"三智"建设。科技处坚持问题导向,赴基层海关开展科技工作调研,准确把握一线业务需求和建设现状,主动加强与内地海关的交流互动,提出关区推动"三智"建设的主要举措。二是网络与信息安全持续巩固。对拉萨海关业务网系统进行等级保护整改27项;圆满完成"护网2021"网络攻防演习和庆祝中国共产党成立100周年网络安全保障任务;组织实施运行网域控升级工作,根据总署科技司的统一部署安排,完成我关2台运行网域控升级工作,有力保障拉萨海关域控系统安全稳定运行,解决域控制器操作系统版本老旧的问题。积极推进信息系统国产化替代,完成1台国产化服务器上线及业务网邮件系统更新升级;持续巩固业务数据安全专项行动成果。共对42个署级应用系统开展授权账号清理6次,停用无效账号584个;清理域用户3次,停用无效域用户26个;关闭关区业务网客户端U口69个,审批开通业务网数据传输终端U口1个,进一步夯实数据安全防护基础。深化业务网安全设施运用。深入推进安全管理中心、运行管理平台等安全设施应用。科技支撑保障作用有效发挥。圆满完成拉萨海关移动办公软件认证试点应用、现有视频监控平台优化、集中审像和智能审图系统升级；实施拉萨海关机关北楼"一卡通"项目建设和在关区推广5G新技术应用；指导推进拉萨综保区海关信息系统建设；开展国产化邮件替换。完成关区干部职工邮箱国产化升级替换工作。升级替换后大幅度提高邮件系统及数据安全性，为后续全面国产化替代打下坚实基础。积极发挥前台设备运维服务工作能效，年度共受理响应服务工单1,315单，其中，硬件维护类627单、软件维护类436单、网络通信维护类252单，平均响应时间2分钟/单，服务满意度100%，有效提升拉萨海关机关前台设备运维服务水平。

【实验室管理】2021年，拉萨海关不断严格实验室管理。在实验室安全管理上持续加码。严格落实总署、拉萨海关党委关于实验室安全管理的各项要求，加码检查力度，形成闭环机制，确保实验室零事故、零感染。严格落实安全监督职责，加码检查力度，形成闭环机制，确保实验室零事故、零感染。持续开展每日巡查，筑牢实验室安全"防火墙"。全年，累计开展各类实验室安全监督检查24次，提出整改25项。坚持开展新冠病毒检测实验室生物安全每日巡查，确保每日专人开展问题自查整改，形成实验室安全防护的持久合力。在实验室建设和能力提升上履职尽责。围绕关区实验室建设情况，向各职能部门、隶属海关进行意见征求和问题调研，征求意见建议19条，结合《"十四五"海关科技发展规划》及关区实验室建设现状，研究提出《拉萨海关实验室规划布局优化方案》；深入贯彻总署、拉萨海关党委关于新冠肺炎疫情防控各项工作部署，不断优化关区实验室规划布局，完善"重点、区域、常规"三级架构和口岸专项实验室体系。组织开展2020年度实验室仪器设备绩效考核，充分利用考核结果推进实验室规划布局调整，持续推进实验室仪器设备报废处置；大力推进实验室能力提升，加大对口岸一线仪器设备配置倾斜力度，协调解决聂拉木海关、普兰海关实验室仪器设备购置需求，落实疫情防控仪器设备保障，实验室日核酸检测能力提升至776份，同比提高203%；关区实验室累计完成核酸样本检测任务5,469份；关区两中心实验室实现检测项目新增扩项60项，同比提升13.76%。在实验室人员培训上创造机会。注重通过为青年人才争取学习和锻炼机会激发创新活力。组织关区实验室技术骨干参加科技司新冠病毒检测实验室安全管理培训、自治区卫生健康委实验室生物安全培训、第四协作区实验室安全培训共计48人次，通过强化系统培训逐步提升关区实验室安全防控能力。快速推进国产化替代设备安装应用。完成署配国产设备的加电测试并安装至办公人员桌面，安装替换率达89%；协同财务部门组织开展前台设备摸底清查工作，为下一步推进设备报废、全面实施国产化替代和规范设备管理奠定基础。

【科研管理】 2021年，拉萨海关加强海关科研项目申报支持力度。积极协调争取关区科技一线人员参与署级科研项目机会，获批主持署级科研项目1项，参与署级科研项目4项；持续稳固推进参与地方科研项目建设。主持地方科研（制标）项目4项，累计实现人才培养16人次；组织技术中心推荐申报科研项目1项，即"西藏特色农食产品质量安全技术及标准体系构建与应用"，荣获2020年度西藏自治区科学技术奖三等奖；在2021年全国海关科技活动周及重大示范活动中获荣誉证书。

（撰稿人：丁赞中　束学勇）

督察内审

【概况】2021年，拉萨海关坚持以习近平新时代中国特色社会主义思想为指导，学习贯彻党的十九大和十九届历次全会精神，增强"四个意识"、坚定"四个自信"、做到"两个维护"。贯彻落实两级海关工作会议和全面从严治党工作会议精神，立足新发展阶段和高原新海关建设对督审工作提出的新要求，全面履行督审监督职责，发挥督察审计在推动重大决策部署落实、服务海关改革发展中的保障作用。

【督察监督】2021年，拉萨海关以督察"四个清单"为核心，拉萨海关完成署级重大政策措施落实情况跟踪督察和进出口危险化学品监管措施落实情况跟踪督察2项任务，对照督察要点，核查重大决策措施在关区落实情况，确保各项重大政策措施和要求落实到位。按照总署督审司《2021年度重大政策措施落实情况跟踪督察重点项目清单》，制定关区2021年度跟踪督察项目4个，明确督察重点内容、时间范围等，统筹组织实施跟踪督察任务。对照督察重点，按照督察自查和实地核查相结合的要求，检查重点工作及措施落实情况，结合督察发现问题提出督察建议，并在关区内通报督察情况报告，持续推进督察问题整改，确保督察工作取得实效。

【审计监督】2021年，拉萨海关配合完成署级审计任务。为配合总署审计组在拉萨海关的现场审计工作，制订《拉萨海关配合总署审计工作方案》，召开配合署级审计专题会议2次，制作"审计资料移交清单""配合小组审计资料接收清单"等现场审计工作清单，按时办结《审计资料需求清单》，并反馈《审计取证单》，完成现场审计配合工作。制定印发《拉萨海关关于海关总署审计决定整改实施方案》，成立拉萨海关审计问题整改工作小组，建立审计问题整改台账，明确整改责任单位、责任人及责任分析等内容，按照立行立改、分阶段整改，持续推进整改落实工作，按期上报《拉萨海关关于执行总署审计整改工作情况报告》。制订并组织实施领导干部经济责任审计年度计划，坚持任中与离任审计相结合，落实审计全覆盖要求。在审计化繁为简、突出重点上下功夫，聚焦重大决策部署落实情况，聚焦非执法领域重点事项和关键环节，完成对2个事业单位主要负责人的经济责任审计。

【内控建设】2021年，拉萨海关组织召开"2021年拉萨海关内控工作领导小组"专题会议2次，不断强化各层级内控组织领导，压实内控主体责任。以"科技控权"理念为指导，推进海关内部控制与监督子系统（HLS2017平台）深度应用，发挥科技监督的保障执行、规范执法、提升治理效能等作用。定期通报HLS2017平台应用绩效，推动各级内控主体主动落实风险防控责任，运用平台查找风险隐患，防范化解重大风险。

【执法评估】2021年，拉萨海关配合完成署级综合保税区落实优化保税监管措施专题评估任务。按照上海特派办的部署安排，完成并报送《拉萨海关关于综合保税区落实优化保税监管措施署级专题评估项目调研报告》《拉萨海关关于综合保税区落实优化保税监管措施署级专题评估项目数据分析工作方案》及相关数据调研。根据《督察内审司关于印发2021年度专题执法评估项目清单的通知》要求，确定并组织实施对关区减免税政策落实情况开展年度自选执法评估，完成本级自选专题评估任务，向总署报送《拉萨海关减免税政策落实情况执法评估报告》。完成其他署级执法评估项目书面调研及问卷调查任务5项。

（撰稿人：白玛央宗　卓玛曲宗　夏　蒽）

第六篇

隶属海关

拉萨贡嘎机场海关

【概况】1993年6月29日,中华人民共和国国务院批准开放拉萨航空口岸。1999年11月11日,总署批准拉萨海关下设拉萨海关驻机场办事处,负责拉萨贡嘎国际机场的海关业务。2018年4月,海关机构改革实施,拉萨海关驻机场办事处与原西藏出入境检验检疫局机场办事处统一以海关名义对外办公。2019年3月30日,拉萨贡嘎机场海关揭牌成立,由两个原驻机场办事处人员构成,是西藏自治区唯一一个国际航空口岸,主要负责拉萨贡嘎国际机场进出境航班、旅客、货物、行李物品监管,食品卫生检疫,以及查缉走私等工作。拉萨贡嘎机场海关下设3个正科级内设机构:办公室(党委组织宣传部)、综合业务科、监管科。行政编制20名,其中:办公室(党委组织宣传部)4名、综合业务科5名、监管科8名,正处级领导职数1名,副处级领导职数2名,科级领导职数7名。目前实有23人(含援藏干部1名),其中正处级领导1名、副处级领导2名、科级领导4名。2021年,拉萨贡嘎机场海关在总署党委和拉萨海关党委的领导下,以习近平新时代中国特色社会主义思想为指导,全面贯彻党的十九大和十九届历次全会精神,落实习近平总书记重要指示批示精神、"七一"重要讲话精神和在西藏考察时重要讲话精神,贯彻落实两级海关工作会议和全面从严治党会议目标。近年来,拉萨贡嘎机场海关先后被评选为"全国青年文明号""全国五四红旗团支部",关区1人获"全国民族团结进步模范个人"荣誉,1人获"全国扫黄打非先进个人"荣誉,1人家庭荣获"全国最美家庭"称号。

【政治建设】2021年,拉萨贡嘎机场海关坚持以党的政治建设为统领,引导全体干部坚定捍卫"两个确立"、做到"两个维护",准确把握党中央各项重大决策部署战略意图,持续提高政治判断力、政治领悟力、政治执行力,确保关区各项工作始终沿着正确的政治方向前进。创新开展"传承红色薪火"学习活动、"红色之旅"主题活动、"红色精神"跨域互动交流活动等特色活动10余次;利用党支部两大学习平台"贡关青说·听红色故事"和

"百年党史每日学·解读党史重大事件"，围绕党史、新中国史、改革开放史、社会主义发展史、党领导下的海关史等，全年累计开展集中学习250余期；开展"青春之翼""学史·铸魂"红色讲坛2次；党委书记、党委班子成员、关区先进典型代表讲党课7次；以"我为群众办实事"实践活动为重点，为群众办实事22件，惠及企业29家、涉及群众8,405人，建立健全以结对帮扶困难学生为主题的长效机制1项，累计帮扶4名困难学生，帮助4名单亲贫困、残疾妇女解决生活难题。党委班子认真落实主要领导"第一责任人"责任和班子成员"一岗双责"，用好监督执纪"四种形态"。推进党建工作阵地建设，挖掘"青春之翼"和"启航"两个党支部党建品牌内涵，加强各支部党务工作人员能力提升培训工作，申报"书记项目"，开展模范机关、"四强"支部创建工作。

【专项整治】2021年，拉萨贡嘎机场海关推进"现场监管与外勤执法权力寻租"专项整治工作，制订印发《拉萨贡嘎机场海关"现场监管与外勤执法权力寻租"专项整治工作实施方案》，成立专项整治工作领导小组，建立举报机制，制定《拉萨贡嘎机场海关国境口岸卫生监督外勤执法工作办法》，召开辖区食品经营单位专项整治工作座谈会，向企业发放《"现场监管与外勤执法权力寻租"专项整治工作告知书》。

【巡视整改】2021年，拉萨贡嘎机场海关以总署巡视工作为契机，狠抓各项整改任务落地、落实。立足建立长效机制，持续转化巡视成果，年内累计修订完善值班制度、督察机制等4项，业务条线规范和程序等10余项，分类健全整合台账50余册，梳理归档纸质及电子文件资料千余份，问题整改率100%，并以各类自查整改为契机，强化推进模范机关建设。

【法治建设】2021年，拉萨贡嘎机场海关开展"8·8"海关法治宣传日等线下普法宣传活动5场次，发放宣传资料200余份，接受群众咨询50余次。对辖区企业开展行政许可办理程序相关培训，建立关企微信工作群，提供行政许可办理程序指南。

▲2021年8月8日，拉萨贡嘎机场海关关员在机场T3航站楼开展法治宣传

【优化营商环境】2021年，拉萨贡嘎机场海关结合空港海关特点，发挥"互联网+海关"优势，建立压缩口岸整体通关时效、优化海关税收征管模式的引导式服务，利用微信建立关企沟通平台，推行"7×24"小时通关制度，充分保障企业通关实效，同时减少人员接触，助力疫情防

控。全年累计审结报关单1,224票，同比增长9.7%。作业无纸化改革成效稳固，无纸化申报成为常态，企业自报自缴率和新一代电子支付比率高于全国平均水平。

【税收征管】2021年，拉萨贡嘎机场海关全年征收税款1.92亿元，同比增长39%。综合治税成果丰硕。

【口岸疫情防控】2021年，拉萨贡嘎机场海关持续完善疫情防控机制，动态调整疫情防控措施，制订印发《拉萨贡嘎机场海关新冠肺炎疫情防控工作方案（第三版）》。严格落实内部疫情防控责任，成立安全防护领导小组（内部防控应急处置指挥部），制订印发《拉萨贡嘎机场海关新冠肺炎疫情内部防控应急响应预案》。通过现场演练、桌面推演、座谈研讨等方式，重点针对各环节处置流程、设备使用技术、个人防护能力、终末消毒作业等内容开展疫情防控演练培训9次。选派10名干部分别赴吉隆海关、聂拉木海关一线支援疫情防控工作。为妥善应对可能出现的入境备降（迫降）航班等突发情况，规范进境航空器终末消毒监督工作，开展终末消毒监督桌面推演，制定印发《拉萨贡嘎机场海关关于严格规范进境航空器终末消毒工作的函》，联合民航西藏区局开展航空器终末消毒业务专题宣讲。推进T1航站楼备降航班卫生检疫现场作业区改造，建立物理隔断工位8间用于验核健康申明卡和采样作业。

【检验检疫】2021年，拉萨贡嘎机场海关对辖区内36家企业开展96批次国境口岸日常卫生监督，对不符合要求的个别项目予以指导，督促企业优化完善；对32家新申请发放国境口岸卫生许可证的企业进行现场审查并给予业务指导。落实国境口岸病媒生物监测工作，组织开展鼠类等病媒生物监测20余批次。落实食品抽检计划，对辖区内食品加工和餐饮服务企业抽取214批次，其中食品安全实验室监测108批次；现场快速检测106批次。落实重大动植物疫情疫病传入防控，制修订并印发《拉萨贡嘎机场海关进出境重大动物疫情应急处置预案》《拉萨贡嘎机场海关进出境重大植物疫情突发事件应急处置预案》。

▲2021年8月13日，拉萨贡嘎机场海关开展国门生物安全普查工作

【监管业务】2021年，拉萨贡嘎机场海关强化监管筑防线，守牢"空中国门"。顺利保障喜马拉雅航空公司RNP AR验证试飞，实现全流程检疫监管。推进拉萨贡嘎国际机场T1、T2航站楼改造工作，参与货站选址事宜。

【政务管理】 2021年，拉萨贡嘎机场海关以争创模范机关为契机，坚持在强基提质上下功夫。建立健全关级制度20余项，优化健全并落实疫情内部防护、会议管理、维稳值班、内务督查、准军建设等多项工作机制。推动完成办公用房集约化利用、固定资产清理登记、办公设备规范管理、值班室和档案室规范建设等，并配套健全工作制度10余项。精细化开展文字政务工作，建立健全关区电子文档库及纸质档案库，强化工作可溯性。

【财务及后勤保障】 2021年，拉萨贡嘎机场海关完成食堂及卫生间改造项目，强化水电气安全及消防设施配置，对办公区域和职工宿舍进行维修保养。成立专班集中开展固定资产清查工作，用时40天全面完成关区固定资产设备核查、造册，为后续分类处置、科学管理使用奠定基础。

【队伍建设】 2021年，拉萨贡嘎机场海关深化准军建设，认真落实准军训练制度，做好每周准军队列训练工作，积极参加拉萨海关"四季大练兵"活动；日常开展关员政治、纪法、廉政教育，筑牢规矩意识和廉政防线，让铁的纪律和好的作风转化为日常习惯和自觉遵循，2021全年未发生违反中央八项规定精神、酒驾醉驾等情事；加强内务规范力度、内务督查力度，做好日点名，培养干部令行禁止的准军作风。结合"现场监管与外勤执法权力寻租"专项整治工作，关注重点岗位，深入开展廉政风险点排查。教育引导党员干部自觉遵守党章党规党纪，驰而不息纠"四风"、改作风、树新风。

（撰稿人：白玛曲珍　白巍峰）

八廓海关

【概况】 中华人民共和国八廓海关于2018年12月14日正式建关,2019年3月30日正式挂牌,为偏属地综合型海关。八廓海关下设3个正科级内设机构:办公室(党委组织宣传部)、综合业务科、监管科。八廓海关位于拉萨市区,辖区范围较广,涵盖西藏自治区拉萨市(不含拉萨航空口岸)、昌都市、山南市、那曲市及藏青工业园区;主要业务类型包括海关监管、出入境检验检疫、征税、统计等。截至2021年年底,八廓海关行政编制20人,实有20人(包括援藏干部1名)。其中男性关员6人,女性关员14人;党员17人,占比85%;汉族干部9人,占比45%,少数民族干部11人,占比55%。八廓海关共设有两个党支部,分别为综合业务科党支部和监管科党支部。

【党的建设】 2021年,八廓海关严格落实"第一议题"制度,依托党委会、党委理论学习中心组会议、"八廓讲堂"等平台,坚持把学懂弄通做实习近平新时代中国特色社会主义思想作为首要政治任务,全年共开展"第一议题"学习67次,党委理论学习中心组学习12次,"八廓讲堂"47期。结合党史学习教育,组织全体关员"人人上讲台"讲党史微党课19次,开展"读书班"11期。不断加强基层党支部建设,党委定期听取支部书记党建工作汇报,通过丰富"三二一""1122"工作法内涵,开展关企互建、"七一"主题党日等活动,进一步强化"雪域格桑花""邮检心力量"支部党建品牌建设,严肃组织生活,不断增强支部凝聚力。

【队伍建设】 2021年,八廓海关通过用好监督执纪"第一种形态"、开展自主培训、狠抓准军建设等方式全面提升干部队伍素养。充分发挥"红脸出汗"的作用,党委书记与支部书记、科室负责人、业务骨干谈心谈话15次,针对党史学习教育、常态化疫情防控、支部建设、综合保税区建设等重点难点工作开展日常督促,不断拧紧责任链条,规范工作开展。认真落实习近平法治思想,自主举办"行政执法中的法治思维"培训班,进一步提升全体人员依法行政意识,结合行政执法"三项制度"执行中存在的问题,进一步完善行政执法"三项制度"落实。

【制度建设】2021年，八廓海关不断夯实制度建设基础，进一步提高常规工作质效，以巡视、审计整改为契机，完善《八廓海关突发事件专项应急预案（试行）》《八廓海关贯彻落实"三重一大"决策制度实施办法》等多个基础性制度文件，同时制定《办公室工作手册》《综合业务科工作手册》《监管科工作手册》等。

【综保区建设】2021年，八廓海关派两名业务骨干赴成都高新综合保税区跟班学习海关特殊监管区业务，并在关区内部开展二次业务培训，积极为拉萨综合保税区封关运行做好业务知识储备。派专人长期向拉萨综保区招商引资部门及辖区内各类企业提供业务咨询服务，并就综合保税区海关相关监管政策进行解读、宣介，鼓励企业依托海关相关政策打好组合拳，进一步享受改革红利。

【通关管理】2021年，八廓海关共审结进出口报关单150票；进出口货运量435.10吨；进出口货运值2,731.14万元。持续优化营商环境，进出口整体通关时间较2017年压缩60%以上。

【税收征管改革】2021年，八廓海关强化政策宣传，共为52家辖区企业开展13场政策宣介会，广泛宣传关税等各类优惠政策，特别是召开企业减税降费需求座谈会，通过合规引导、精准服务、专业指导等方式，鼓励辖区企业通过"汇总征税"、"两步申报"、关税保证保险等方式积极应对新冠肺炎疫情带来的影响，进一步享受政策红利。通过引导，2021年4月22日，八廓海关办理拉萨关区首票关税保证保险报关单业务。

【原产地管理】2021年，八廓海关共受理原产地签证业务6批次，货值1,661.19万元。其中，于7月8日签发拉萨关区首份《中国—东盟自贸协定原产地证明书》，企业在印度尼西亚入关时享受了约11.93万元的关税优惠减免。

【商品检验】2021年，八廓海关建立工作台账，第一时间主动联系"属地查检"相关企业开展监管作业，确保查检工作"随到、随检、随放"，获得了企业大量好评。全年共上门为9家单位开展13批次属地查检业务，涉及货值4,104.08万元。

【动植物检疫】2021年，八廓海关织密织牢外来物种入侵防控和监测体系，在相关地点设置实蝇、红火蚁诱捕点，扎实开展实蝇和红火蚁监测工作。加强邮递物品的检疫监管，严厉打击非法寄递外来物种和种子苗木行为，严防外来有害生物入侵和动植物疫情传入，全年共查获检疫截留物4批次，其中，首次在邮递渠道查获"多肉"类植物。

【援尼物资】2021年，八廓海关首次开展出口危险货物查验监管工作，助力援尼液态氧顺利通关，全年共监管出口危险货物3批次。

【邮递物品监管】2021年，八廓海关

强化监管、优化服务，扎实开展邮递物品监管工作，切实实施100%过机查验、布控+异常开拆查验。优化邮递物品监管作业现场布局，规范邮检现场即决式查验监管工作流程，完成邮递物品监管点场地改造和设备升级，规范邮检现场即决式查验监管工作流程，邮递物品监管智能化、规范化建设进一步推进；严格落实疫情防控工作部署，组织开展内部防控和安全防护工作自查，定期开展内部防控演练，制订《八廓海关入境邮包预防性消毒工作方案》等，在进出境邮递物品监管点设置独立防护装备脱卸区域，完善医疗废弃物移交处置流程，同时进一步厘清邮政企业消毒主体责任。2021年，共监管进出境邮件4,273件，其中进境3,341件、出境932件。

【调查研究】2021年，八廓海关结合关区业务特点，以"园区经济、地球第三极"为切入点开展课题研究，形成课题报告2篇。其中，"园区经济"相关研究论文获CSSCI及北大双核心期刊《西藏研究》录用通知。

【企业管理】2021年，八廓海关加强"单一窗口"的推广应用，年内新增注册外贸企业41家，占全区新增外贸企业数量的47.22%。办理进出口货物收发货人注册登记38家，办理注册登记变更243家。开展常规稽查1家，开展核查11家，进一步加强属地纳税人管理，建立并报送32家企业的电子底账。

【查缉走私】2021年，八廓海关认真开展"国门利剑2021""国门绿盾2021""龙腾行动2021""清邮"等专项行动，持续加大对各类违禁品、反宣品、濒危动植物、涉黄涉毒等物品的查堵力度，筑牢国门安全。严厉打击象牙等濒危野生动植物及其制品，全年共查获濒危野生动植物及其制品4批次；严防反宣品渗透，查获各类政治类违禁品1,839件；查发并移交涉及国家安全的可疑线索2起；扎实做好邮递渠道海关知识产权保护工作，共办理侵犯知识产权案件4起。

▲2021年2月19日，八廓海关在进出境邮递渠道查获象牙制品1件

【安全生产】2021年，八廓海关认真贯彻习近平总书记关于"管行业必须管安全、管业务必须管安全、管生产经营必须管安全"等一系列重要指示批示精神，认真组织学习落实安全生产文件精神和会议要求，进一步强化"时时放心不下"的责任感，时刻绷紧安全生产这根弦，在重要敏感节点定期开展安全生产检查，聚焦检查时发现的问题短板，有针对性地开展"回头看"，对重大问题隐患立查立改，牢

牢守住红线底线。立足西藏自治区实际，扎实开展安全生产和维稳值班工作，实行24小时政务维稳带班值班制度，加强维稳安保、应急值班、请示报告等，切实做到"看好自己的门、管好自己的人"。

（撰稿人：刘　静　贾亚楠　崔著伟）

聂拉木海关

【概况】 聂拉木海关，全称中华人民共和国聂拉木海关，成立于1962年5月10日，为正处级隶属海关，1996年中尼公路通车后搬迁至樟木镇中尼公路1号。2018年国务院机构改革后，原樟木出入境检验检疫局职责和队伍划入聂拉木海关，承担聂拉木县范围内海关监管、征税、统计、打击走私综合治理、出入境卫生检疫等职能。

2021年，聂拉木海关内设科（室）6个，分别为办公室、人事政工监察科、综合业务科、监管一科、监管二科和监管三科。行政编制55名，实有关员51名，平均年龄32岁。其中少数民族关员26人（占全关关员50.9%），女性关员21人（占全关关员41.2%）。党员31人（占全关关员60.8%），设有党支部3个，分别为聂拉木海关办公室党支部、聂拉木海关监管科党支部和聂拉木海关综合业务科党支部。下设一个正处级缉私分局，缉私分局内设办公室、法制科、侦察科、查私科。

2021年，聂拉木海关认真贯彻落实全国海关和拉萨海关两级工作会议及全面从严治党工作会议精神，协调推进"五关"建设，强化政治建关，建设政治强关，走好"第一方阵"，认真履职尽责，提升监管效能，筑牢国门安全，持续助推中尼樟木—科达里黄金通道稳步恢复。年内顺利被复核认定为自治区文明单位。1人获评"西藏自治区抗击新冠肺炎疫情先进个人"。聂拉木海关缉私分局1个科室获评"全国优秀公安基层单位"。

【党的建设】 2021年，聂拉木海关坚持"第一议题"制度，第一时间学习贯彻习近平总书记重要讲话和重要指示批示精神，深刻领会"两个确立"的决定性意义，增强"四个意识"、坚定"四个自信"、做到"两个维护"，始终在政治立场、政治方向、政治原则、政治道路上同以习近平同志为核心的党中央保持高度一致。坚决贯彻落实党中央、国务院重大决策部署，确保中央重大决策部署及时落地生效，保障樟木口岸单向出口货运通道畅通，构筑一条对尼"生命保障通道"，主动服务国家对尼外交大局。持续深入推进党支部标准化、规范化建设，严肃党内政治生活，提升"三会一课"质量。创新学习形式，丰富学习内容，组织开展"参观国旗老阿妈故居""日喀则烈士陵园祭扫""我为群众办实事"等特色主题党日活动8次，进一步提升党史学习教育成效。建成友谊桥头国门党建方舱和暖心方舱，与拱北海关开展"山海连线"支部共建活动，不断丰富党建形式，建强党建阵地。深入推进"四强"支部建设，不断丰富完善"世界屋脊上的国门守护者""318终点的国门卫士""四精管家"党建品牌内涵。探索形成"三微""'1234'工作法"，促进党建、业务融合式发展，不断实现"两手抓""两手都要硬"，进一步激发党员干部"主动想深一层、主动多干一点、主动向前一步"的思想认识，充分发挥党支部的战斗堡垒作用和党员的先锋模范作用。抓牢意识形态领域建设，对有倾向性、苗头性的问题第一时间开展约谈和提醒，坚决反对形式主义、官僚主义，严防"四风"反弹，一体推进"三不"建设，打造清廉海关，全面从严治党工作不断向纵深发展、在基层延伸。

【政务管理】2021年，聂拉木海关《创新举措办实事 促进外贸量稳质升》《保障援尼物资通关"零延时"》等3篇新闻报道分别在《人民日报》客户端和《西藏日报》《西藏商报》等媒体刊登。召开内控会议2次，深化HLS2017平台系统应用，提升内部控制管理效能。修订完善《聂拉木海关突发事件应急管理暂行办法和相关专项应急预案》《聂拉木海关樟木驻点值班制度》等制度。积极推进法治建设，落实《拉萨海关关于2021年法治工作要点》，深入开展法治宣传教育工作，组织"8·8"海关法治宣传日、海关知识产权保护、打击走私综合治理、重大疫病疫情预防等多次线下宣传，组织开展"疫情防控+法治同行"等线上答题活动，不断推进普法责任制落实，强化依法行政。

【财务及后勤保障】2021年，聂拉木海关从地方政府争取资金，用于旧房维修改造。对综合实验楼院内办公室、住宿用房以及关员食堂进行维修改造，对樟木驻点第二生活区宿舍用房进行翻新改造，极大改善和提升了聂拉木海关干部职工人员的住宿条件。在友谊桥修缮简易板房，用于关员办公、防疫物资存储和防护服穿脱等。

【关心关爱】2021年，聂拉木海关结合口岸办公生活实际需要，对口岸发展和海关基础设施建设提前进行全面系统的分析研究、思考谋划，先后改造升级音视频会议系统、办公桌椅和信息化前台设备、"五小"工程等一系列民生项目，不断提升樟木驻点和友谊桥头驻点伙食保障水平，极大改善了干部职工办公和生活条件，关员幸福感明显提升。新建党团活动阳光房和活动室，建成青年书屋和塑胶篮球场，干部职工业余文化生活更加丰富。为职工宿舍和办公场所配置应急救援包，常态化开展应急物资更替储备，有效解除干部职工后顾之忧。

【海关统计】2021年，樟木口岸执行"单向出口"政策，暂无进口业务，全年出口贸易总值8.56亿元，出口贸易总量5.08万吨，与2020年同期相比分别增长57.76%和214%，出口贸易总值和贸易总量增长明显，均创下樟木口岸恢复货运通道功能以来的新高，月出口贸易值连续4个月突破亿元大关。监管出口疫情防控物资7,951.06万件，商品总值7,995.35万元，分别占拉萨关区出口防疫物资的39.69%和45.37%，主要商品为口罩、防护服、氧气等。同时积极开展统计分析工作，撰写综合性进出口业务统计分析4篇、鲜苹果等专题统计分析3篇，为拉萨海关科学决策提供精准数据支撑和分析研究。

2021年度樟木口岸商品品类前5贸易值及占比

序号	商品名称	贸易值（万元）	同比（%）	占比（%）
1	鲜苹果	21,123	301.2	0.25
2	棉制男长裤	3,018	97.6	0.04
3	其他化纤维针织套头衫等	2,995	962.5	0.035
4	口罩	2,833	-59.04	0.032
5	合纤制针织物	1,932	-	0.021

【监管业务】用好H986大型监管设备，提升口岸监管能力。2021年，聂拉木海关监管进出境集装箱9,714箱次，其中进境集装箱4,856箱次、出境集装箱4,858箱次。查获涉嫌侵犯知识产权案件7起，涉案货值58.59万元。立案案件中，1起为樟木口岸恢复货运通关以来首次查获乐器类案件。

【促进外贸稳增长】2021年，聂拉木海关开通专用受理窗口，安排具有危险化学品资质的人员做好危险化学品及其包装的检验监管，以"甩挂"交货"零接触"方式，助力首批援尼液态氧顺利通关。根据总署最新公告要求，对化肥出口开展前期政策宣传指导、对已到达樟木口岸的化肥进行检验检疫，顺利验放关区首批出口化肥。第一时间开通绿色通道，全力保障苹果等易腐烂的农产品优先查验、快速放行，不断完善"甩挂"通关模式，通过重车载货出口、空车消杀进境的方式，提高货物通关效率，减少货物在不同集装箱之间的倒装次数，有力促进了苹果等易腐易损坏货物的出口，有效降低了企业的成本。2021年，苹果出口贸易总值2.11亿元，出口贸易总量2.92万吨，与2020年同期相比分别增长321.28%和225.60%。积极做好企业调研工作，共开展企业调研16次、解决企业实际困难17个，切实发挥海关作用。持续巩固压缩货物整体通关时间成效，整体出口通关时间为0.1小时，同比压缩35.36%。

【援尼物资通关】2021年，聂拉木海关积极服务国家对尼外交大局，全力以赴做好援尼物资通关工作，确保援尼"生命线"畅通无阻。以"人等货"模式，做到防疫物资出口"三优先"，即防疫物资优先申报、优先查验、优先放行。依托口岸疫情联防联控机制，实时掌握中尼口岸疫情及贸易新动向，并为援尼医疗与生活物资开辟绿色通道，安排专人受理跟进，确保快速通关。2021年，聂拉木海关监管援尼物资773.33吨，货值2,056.53万元。主要商品为口罩、护目镜、防护服、消毒用品等防疫物资。

【国门生物安全】2021年，聂拉木海关修订完善《聂拉木海关进出境重大动物疫情应急处置预案》等4项应急预案，组织开展进出境重大动物疫情和口岸核辐射突发事件应急演练1次。开展蚊类监测12次，捕获蚊类18只。在口岸区域布点17个实蝇监测点。开展沙漠蝗监测56次，开展有害杂草、草地贪夜蛾监测6次。始终坚持"多病同防"，强化病媒生物监测，持续筑牢国门生物安全屏障。

【口岸疫情防控】2021年，聂拉木海关检疫处理监督进出境车辆5,343辆次、"甩挂"集装箱9,714个，其中对进境2,673辆次集装箱挂车和4,857个空集装箱实施预防性消毒处理，实现了境外疫情"零输入"、工作人员"零感染"。制定《聂拉木海关"甩挂模式"疫情防控岗位作业规范》，坚守"三个底线"，落实"外防输入、内防反弹"总策略。制定《聂拉木海关防疫物资中转管理制度》《聂拉木海关新冠肺炎防疫物资发放审批流程》等制度，统筹抓好上下内外协调，全年向拉萨海关和地方政府申领疫情防控物资1.6万余件，引入微信小程序提升防疫物资信息化管理水平，进一步做到防疫物资管理精准化、规范化和制度化。稳步推进新冠病毒PCR核酸检测实验室建设，提早谋划实验室管理和检测工作。主动对接樟木口岸医院PCR检测实验室，开展上门学习，为实验室建设奠定了扎实基础。

【内部疫情防控】2021年，聂拉木海关认真落实总署和拉萨海关关于做好内部疫情防控的各项部署和工作要求，按照属地管控原则，切实抓好内部疫情防控，结合聂拉木海关人员多点分布的实际，制定日喀则驻点、樟木驻点和友谊桥监管点3个驻点的内部疫情防控管理办法，以及人员管理制度及应急处置预案等7项制度，开展3个驻点联动桌面推演和应急演练。从严出差出行管理，严格落实"7+7"区域封闭管理措施，严格执行"日报告、零报告"制度。

【查缉走私】2021年，聂拉木海关全力开展"国门利剑2021"联合专项行动、"蓝天2021"、"护卫2021"等专项行动，坚定不移打击濒危物种及其制品走私，严防防疫物资、疫苗非法出境，密切关注"洋垃圾"、涉税商品等物品走私。缉私分局共办理行政案件5起，案值369.33万元，其中檀香紫檀1,367千克、冬虫夏草4.1千克、美元34.37万元、三七163.50千克、胡黄连629.40千克、木耳121.40千克。协同配合，开展对外走访交流20余次。

（撰稿人：大贾措　古计委　刘浪波
　　　　　宋贺鹏　索朗扎西）

吉隆海关

【概况】 吉隆海关位于西藏日喀则市吉隆县吉隆镇。1960年1月,吴可恩等首批进藏建关干部进驻吉隆,以税收组名义开展工作。1962年5月10日,吉隆海关正式成立。1984年5月,总署批准吉隆海关为科级关,隶属于日喀则海关。2015年9月18日,正式升格为处级关,隶属于拉萨海关。2018年,根据《国务院机构改革方案》,原吉隆出入境检验检疫局职责和队伍划入吉隆海关,主要负责吉隆口岸和吉隆县范围内海关各类管理工作,承担辖区口岸旅检、卫生检疫、动植物检疫、进出口商品检验、监管查验、征税、查私、统计等职责。近年来,吉隆海关被评选为"第五届西藏自治区文明单位"、第六届"全国文明单位"、第15届"西藏青年五四奖章集体",荣获口岸发展建设突出贡献奖;吉隆海关监管二科获评"国家知识产权战略实施工作先进集体"。2021年,吉隆海关荣获总署政治部集体通报表扬,吉隆海关查验监督联合党支部荣获全国海关基层党建示范品牌。

【政治建设】 2021年,吉隆海关突出政治能力提升,坚持以习近平新时代中国特色社会主义思想为指导,坚决落实"第一议题"制度,第一时间研究安排、部署推动、落实反馈习近平总书记"七一"重要讲话精神和在西藏考察时重要讲话精神,以及党的十九届六中全会精神,共开展"第一议题"学习33次、党委理论中心组学习9次、党委成员开展党课授课7次。

【基层党组织建设】 2021年,吉隆海关打造党员阳光活动室特色阵地,运用党史夜校和镇成青年理论学习小组两个平台开展学习109次,开展民族团结进步教育系列活动。开展政治氛围文化建设,制作党建宣传栏和电梯文化墙,以边关生活为主题开展"爱在吉隆,自然风光"摄影比赛、"传递边关歌声,赞颂建党百年"红色颂唱、红色趣味运动会、主题演讲等系列活动。发挥基层支部战斗堡垒作用,以效果为导向,实施"书记项目",发掘各科室工作特点,推动党建和业务双融互促,确立"党建+通关监管"攻关、"党建+国门防疫"攻关、"党建+卫生检疫"

攻关等多个业务攻关小组，以"跨专业联合攻关""骨干党员结对攻关"等形式使党建持续融入各项业务。监管一科党支部荣获拉萨海关先进基层党组织，"梨树下的党支部"品牌成为"全国海关党建示范品牌"。

【专项整治】 2021年，吉隆海关严格落实"现场监管与外勤执法权力寻租"专项整治要求，5次召开专题推进会，16次组织传达相关会议精神及典型案例。畅通信访举报机制，制作各类公示海报18张、设立专门举报箱3个，实现办公场所和业务现场全覆盖。收集个人事项申报表42份，配合派驻纪检组完成谈心谈话41人次，组织全体干部、协管员和临聘人员签订综合承诺书61份。

【巡视整改】 2021年，吉隆海关强化政治引领，将政治标准作为巡视整改首要标尺，压实主体责任，党委书记切实履行"第一责任人"职责，党委成员全面指导、有力推进分管科室整改工作，通过党委会专题部署巡视整改工作2次、召开巡视整改领导小组会2次、召开巡视整改专题民主生活会1次，重点研究、部署、推进巡视整改工作，全面掌握巡视整改进展情况，动态分析整改成效，针对吉隆海关梳理出的20个具体问题，研提29项整改措施及相关长效机制。

【队伍建设】 2021年，吉隆海关高标准开展内务规范强化月和高原四季准军大练兵活动，抓好准军事化集训，持续坚持日点名、周训练、月督察和流动红旗制度，针对每周科室带班人员开展"小教员"集训。吉隆海关缉私分局紧扣缉私队伍教育整顿3个环节要求，从严从细做好缉私队伍教育整顿，召开教育整顿专题会7次，设立举报信箱2个，主动向5家友邻单位征求意见建议，收到有效建议1条。

【法治宣传】 2021年，吉隆海关结合"8·8"海关法治宣传日、"12·4"国家宪法日等时间节点，通过LED屏滚动播报、宣传栏公示等方式全方位普及海关法律法规、防控知识，引导服务对象客观理性科学认识疫情，自觉支持、配合海关执法，营造良好的法治环境和舆论氛围。

【口岸疫情防控】 2021年，吉隆海关优化作业流程，用好"岗前检查、工作巡察、全程督查""双人作业、互相监督""日总结早点评"等措施，制定并先后6次完善《吉隆海关疫情防控工作手册》。强化梯队人员培训，调配本关资源组建"一线、预备、应急"人员梯队，开展梯队人员轮换，保障口岸一线工作有序开展。持续开展职业暴露等各类应急处置、流行病学调查和样本采集等技能的培训及演练，累计对28名轮战人员、22名地方支援人员和2名跟班学习人员开展新冠肺炎疫情口岸防控方面的能力培训。

【疫情内部防控】 2021年，吉隆海关严格内部防控责任落实落地。保证规定动作落实落细，通过封闭管理、人员外出情况及健康情况全时段报备、疫情信息第一时间分享、梯队人员实战培养、疫苗接种"应接尽接"等措施强化内部管理,严格落实每日体温监测、办公区消毒等工作要求,有效保证内部安全。按照拉萨海关疫情防控指挥部最新防控要求,制定《吉隆海关内部防控工作措施》《吉隆海关内部疫情防控职责分工》及处置流程图,开展突发疫情情况、休假返岗突发疾病情况处置等桌面推演和演练,组织全员开展防护服穿戴和脱卸演练,有效提高内部防控意识。认真做好干部健康统计,开展疫情防控人员安排表和人员轨迹排查。制定关心关爱一线干部职工具体措施。

【实验室管理】2021年,吉隆海关成立吉隆海关实验室生物安全管理委员会,建立实验室安全责任层级管理制度,严格落实总署、拉萨海关疫情防护工作要求,从实从细做好单向出口倒装司乘人员和常态化核酸检测工作任务,累计完成700余份样本核酸检测任务。全年共2次参加自治区级室间质评考核,均以满分100分的成绩通过考核。

【促外贸稳增长工作】2021年,吉隆海关有序推进促外贸稳增长工作。精准问需,持续推动"互联网+"科技应用,落实疫情防控海关业务"不见面"审批作业要求,开通设置农副产品、疫情防控物资绿色通道,有效保证重点产品出口时效。累计检疫监管进出境人员2,063人次,进出境车辆5,358辆次;监管进出口贸易总值19.33亿元,同比增长110.86%。靶向服务,依托网上新媒体加强政策宣讲、答疑解惑,助力重点产品出口,针对汽车等出口新增长点,开展企业实地走访调研3次,有效解决企业提出的问题8项。精准对接,对辖区出现的新业务,主动加强业务学习研讨,顺利完成首票跨境电商出口货物通关监管,为西藏农副产品更便捷地依托跨境电商平台模式报关出口打下基础。首次完成对辖区内企业的备案信息核查工作,企业资质管理更趋规范化。首次将原以"边民互市贸易"出口的活羊业务转为"边境小额贸易",为一般贸易出口活畜做好铺垫。

▲2021年5月26日,吉隆海关畅通农副产品出口"绿色通道",确保疫情期间农副产品通关"零滞留"

【援尼物资通关】2021年,吉隆海关主动服务外交大局,不断提高监管效率,高效完成对尼援助物出口通关监管及保障工作,助力尼泊尔基础项目建设及疫情防控工作。2021年,吉隆海关监管对尼援助物资出口报关单60票、同比增长3.29倍,贸易值1,118.95万元、同比增长7.03倍,贸易量 8.38.12 吨、同比增长 16.52 倍，援助物资以疫情防控及工程物资为主。

【业务改革】2021 年，吉隆海关强化技术应用，精简进出口环节监管证件和随附单证，不断优化缩减口岸通关作业环节，持续优化口岸营商环境。全面落实口岸提效降费要求，配合口岸相关单位完善收费公示制度。落实"免除查验没有问题外贸企业吊装移位仓储费"措施，为涉及的 7 家外贸企业 28 份报关单免除吊装移位仓储费用共 3.36 万元，切实节省企业成本。优化监管效能，加强风险分析研判及协作能力，建立风控业务联络群，通过现场反馈布控指令有效性和风控监督查验指令执行度，形成双向监督机制，在强化违法行为打击的同时提升通关时效。

【口岸监管】2021 年，吉隆海关深入开展"龙腾行动 2021"知识产权保护专项行动，在出口货运渠道共查获侵犯知识产权案件 9 起（其中依法放行 1 起）。监管查获取得新突破，首次在出口货运渠道连续查获 3 起违规出口危险货物案件，涉及烟花、聚苯乙烯等危险货物 10.94 吨，案值 37.67 万元。

【查缉走私】2021 年，吉隆海关严格落实"国门利剑 2021"等专项行动工作要求，吉隆海关缉私分局全年立案侦办刑事案件 2 起，抓获犯罪嫌疑人 4 名，行政立案 1 起。增强反走私联系配合，进一步加强与友邻执法单位的协作配合，全年开展线索研判会 7 次、案件回头看研讨会 1 次、业务学习交流 8 次。

【卫生监督】2021 年，吉隆海关对吉隆镇餐饮服务单位、食品销售单位的营业情况进行全面普查，对口岸 59 家符合分级管理条件的从业单位整理归档、分级管理。全年完成卫生监督 451 家次，饮用水抽检 24 批次，公共场所用品抽检 318 批次。

【国门生物安全】2021 年，吉隆海关制订《吉隆海关 2021 有害生物监测计划》，根据计划对实蝇、杂草、草地贪夜蛾和红火蚁等外来有害生物开展监测工作，共捕获各类昆虫 500 余头。持续开展杂草监测，在热索桥发现有紫茎泽兰小面积爆发，及时将情况报告地方相关部门。

【传染病防治】2021 年，吉隆海关多渠道开展传染病防治工作。强化宣传和健康教育，在"4·26"疟疾宣传日、"7·28"世界肝炎日、"12·1"世界艾滋病日等时间节点利用微信、电子宣传屏、宣传手册等途径加强对口岸从业人员的健

▲2021 年 2 月 10 日，吉隆海关进行通关监管

康宣教。加强口岸卫生处理，对出入境交通工具、口岸限定区域的卫生处理监管频率增加，保障卫生处理工作监管依法、依规开展。开展"一带一路"重点口岸病媒生物监测，监测到鼠形动物15头，捕获疑似蚊类45只，其中1只蚊经鉴定为伪带伊蚊，该蚊为西藏口岸范围内首次捕获。

【政务服务】2021年，吉隆海关配合做好各类调研、采访参阅材料的撰写，讲好基层故事，展现边关风采。强化信息宣传力度，累计报送各类信息、新闻80余篇，多篇反映疫情防控及促外贸稳增长工作的信息新闻被总署门户网站采用。严格落实各项安全生产工作措施，定期开展检查，制定检查台账并及时通报检查情况。完善突发事件专项应急预案，更新门卫管理制度，强化维稳安保措施，做到"三好、三不出"。

【财务及后勤保障】2021年，吉隆海关开展干部职工宿舍维修改造，全覆盖安装有线电视机顶盒，建设"工会之家"，开展水、电、网专项改善，用好拉萨海关机关为一线干部增配的制氧机、净水器、维修增配UPS（不间断UPS电源）、扩宽网络等。结合应对印度、尼泊尔新冠肺炎疫情形势以及吉隆县自然灾害频发实际，及时补充应急生活物资。

（撰稿人：次旦旺姆　张文鹏　张潇萍）

普兰海关

【概况】普兰海关于2018年12月正式成立。1959年11月,总署派人员到阿里地区的噶尔昆莎及普兰,接手原西藏地方政府税收组。1961年12月,西藏自治区筹委会根据实际情况在噶尔昆莎设关,在普兰设立分关。1962年5月,普兰分关正式设立并对外办公;同年10月,普兰分关停止对外办公,业务中断。1975年8月,经国家经贸部同意,恢复成立普兰分关,由乌鲁木齐海关代管。1979年6月,国家外贸部下文批复,普兰分关由乌鲁木齐海关划归拉萨海关管理。1981年12月,普兰分关搬迁到狮泉河镇,报请总署批准更名为狮泉河分关,工作点(监管点)仍放在普兰口岸。1984年5月,总署批复,狮泉河分关定为科级支关,全称为中华人民共和国狮泉河海关,隶属于拉萨海关;此后,普兰设有海关监管点,为狮泉河海关主要业务区。1988年3月,普兰口岸动植物检验所成立,为正科级机构,隶属于中华人民共和国拉萨动植物检疫所。1992年,经国家动植检局批准,普兰动植物检验所更名为普兰动植检局,机构级别不变。1994年11月,经国家商检局批准,中华人民共和国普兰进出口商品检验局成立,为处级机构,隶属于西藏商检局管理。1998年4月,普兰商检局由樟木商检局管理。1999年10月,根据国家出入境检验检疫局《关于西藏出入境检验检疫局分支局办事处设置和人员编制的通知》精神,将普兰动植检局、普兰商检局合并成立中华人民共和国普兰出入境检验检疫局。2018年,根据"将国家质量监督检验检疫总局的出入境检验检疫管理职责和队伍划入海关总署"的改革部署要求,将普兰出入境检验检疫局与海关普兰监管点整合,成立普兰海关。普兰海关管辖普兰县全境,缉私业务由狮泉河海关缉私分局管理。

2021年,普兰海关围绕党中央重大决策部署,总署和拉萨海关年度重点工作安排,以"疫情防控、服务经济、促进发展"为中心,突出"五关"建设,做好年度各项工作任务,关区全面建设取得新进步。实现建关以来征收首笔进口关税,全力保障援尼防疫物资通关,全程助力西藏阿里冈仁波齐资源开发有限公司矿泉水顺利出口阿联酋。关区1个科室获评"拉萨海关优秀执法一线科室",机关党支部获评"拉萨海关2021年度'四强'支部",1人获"拉萨海关优秀党务工作者"称号,1人荣获"全国海关优秀公职律师"称号。

截至2021年年底,普兰海关下设办公室(党委组织宣传部)、综合业务科2个正科级内设机构,设有1个党支部,为普兰海关机关党支部,行政编制22人,在职关员20人。其中,男性关员14人、女性关员6人;汉族关员7人,占比35%;少数民族关员13人,占比65%;中共党员(含预备党员)9人,占比45%。

【党的建设】2021年,普兰海关坚持以习近平新时代中国特色社会主义思想为指导,深入贯彻党的十九大、十九届历次全会精神和中央第七次西藏工作座谈会精神,以党的政治建设为统领,全面落实党中央各项决策部署,认真落实总署党委、拉萨海关党委的各项工作安排。在拉萨海关党委巡视整改工作中,主动认领15项问题,以最坚决的态度,将制定的23条措施全部整改到位,并持续创新工作机制、改进工作办法、提高业务能力,切实巩固整改成果。开展党史学习教育和"三更"专题教育,通过党委理论中心组带头学、党支部集中学、青年理论小组跟进学相结合的方式推进学习进度,设立"135党史学习日",开展将"读学悟"积累转化为"讲"的实效研讨3次,举行党史知识竞赛2次,推动教育成效走深走实走细。发挥高原党员阳光活动室、伟大的中国共产党精神谱系展示墙、雪莲初心菜园责任田、雪莲青年文艺小分队等党团青春阵地作用,组织回顾原动物监管点旧址、参观进藏先遣连营地遗址、祭扫烈士陵园等主题党日活动,开展重温入党誓词、过集体政治生日、帮困难群众收割青稞等系列活动,提升党建新活力。不断增强边关党建的向心力和凝聚力。普兰海关机关党支部以高起点抓好思想建设、高标准抓好组织建设、高质量抓好业务建设、高要求抓好作风建设"四高"要求,全力打造"万米海拔党旗红"党建品牌,让党旗在第三极更鲜红。

【党风廉政建设】2021年,普兰海关开展"现场监管与外勤执法权力寻租"专项整治工作,多次安排专题会议,设置对照重点岗位、关键环节排查廉政风险点7项。通过开展警示教育月、学习通报典型案例20余次,特别是发生在身边的违纪违法案件,集中观看《正风反腐就在身边》等警示影片,进一步增强干部政治意识、规矩意识、廉政意识。党委班子成员定期与普通干部开展谈心谈话,通过及时提醒,防止执法风险、管理风险向廉政风险转变,防范小问题演变为大问题、个别问题蔓延成普遍性问题。

【法治建设】2021年,普兰海关结合"全民国家安全教育日"等重要节点开展执法能力培训等活动,增强解决疑难问题的能力,强化法治思维,举一反三,进一步规范执法行为,防范执法风险,不断提高基层法治履职能力。充分发挥贴近边民的优势，组织"8·8"海关法治宣传日、"12·4"国家宪法日和宪法宣传周、走村入户宣传等活动，对边镇居民开展法律法治、海关边贸政策、防疫知识和健康科普等宣传，进一步加强边民群众对法律法规、海关政策的了解，形成健康良好的生活习惯，引导边民依法参与自治活动和管理，积极营造广大群众自觉学法、尊法、守法、用法的良好氛围。

【检验检疫】2021年，普兰海关加强口岸媒介控制、公共场所安全管理，深入开展口岸卫生监督，开展重大动物疫情应急演练，提高应对突发重大动物疫情的快速反应能力和实战水平。在辖区开展草地贪夜蛾、沙漠蝗、有害杂草、有害生物监测92次，未发现外来物种入侵迹象。开展进出口活畜安全风险抽检，采集样品6份，经拉萨海关技术中心检测未见异常。开展公共场所卫生监督。

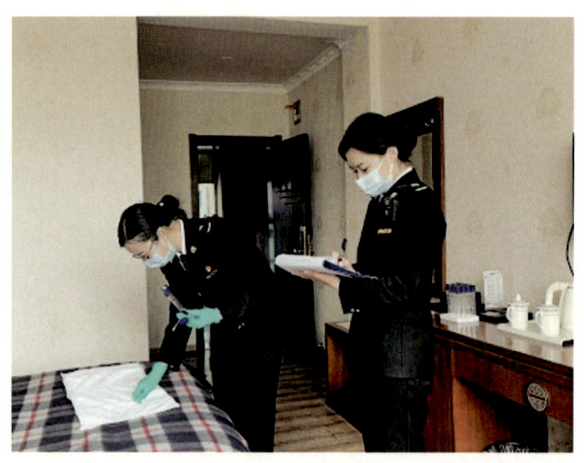

▲2021年6月20日，普兰海关开展国境口岸卫生监督抽检工作

【监管业务】2021年，普兰海关开展"我为群众办实事"实践活动、"万百千2021"行动，深入辖区企业走访调研10余次，解决企业"急难愁盼"问题20余个，实现首次拉萨关区本地企业"属地报关报检、其他口岸验放"出口模式，为西藏阿里岗仁波齐资源开发有限责任公司主动上门服务、开展"一对一"指导，与拉萨海关机关职能处室、八廓海关和吉隆海关通力配合，提前对接验放海关，助力西藏阿里冈仁波齐资源开发有限公司矿泉水顺利从广州南沙港出口阿联酋。为滞留在上海洋山港两个多月的天文观测设备办理进口报关手续。

【援尼物资通关】2021年10月18—20日，普兰口岸临时开放对尼"单向货通"，确保对尼胡姆拉县防疫和生活援助物资的出口监管工作。按照拉萨海关党委统一部署，普兰海关认真落实各项工作要求，提前介入指导外贸企业报关报检，统筹做好疫情防控措施，保障援尼防疫及生活物资"零延时"通关。

▲2021年10月18日，普兰海关助力援尼防疫及生活物资通关

【后勤保障】2021年，普兰海关多次会同普兰口岸管理委员会实地在口岸一线察看、调研，针对入境查验货场建设、国门卡口建设、旅检通道等改造进行协商；与普兰县委县政府联系召开专题协调会议，协商解决监管场所等方面的问题，并提出可行性改造升级方案；为应对重大疫情卫生检疫基础设施能力建设，适应当前新冠肺炎疫情防控要求，开展口岸P2实验室建设项目前期准备工作，扎实推进海关"十三五"等基础性设施项目实施，经过三次招投标，努力克服困难，顺利开工建设，已支付施工预付款、监理首付款等前期费用。

▲2021年4月27日，关员对"十三五"两个项目施工现场进行安全生产监督检查

【队伍建设】2021年，普兰海关开展秋冬季准军拉练3次，特别是"极地点兵"定向徒步海拔5,300米丁嘎山口拉练，锤炼干部坚强意志，锻造高原铁军，令行禁止，形成坚定的垂管意识和坚决的执行力；抓好执法一线科长这个关键，压紧压实担子和责任，进行月度、季度谈心谈话20余次，切实将压力传导至"最后一公里"。严禁关员赌博、酒驾醉驾，形成自我约束、自我规范的良好习惯；通过每月定期组织开展准军集训，将准军作风内化于心、外化于行，努力打造一支能"政"善战的雪域高原政治铁军。

【口岸疫情防控】2021年，普兰海关结合实际制订季节性新冠肺炎疫情工作方案、出境货物现场监管方案、职业暴露安全防护事故应急处置预案等，以实战为目标，注重疫情防控日常培训，开展口岸疫情防控应急演练，参加地方联防联控机制内全流程、全要素疫情处置演练，全面落实疫情防控内部防控措施，加强人员管控和健康监测，从严出差出行管理，落实重点人员疫苗接种要求，全体关员除1人有禁忌症外，全部接种新冠病毒疫苗。

【思想文化建设】2021年，普兰海关坚决执行"厉行节约、反对浪费"，加强"过紧日子"意识的教育引导，运用好"加减乘除"法，在食堂物料采购、膳食用餐、办公用品购置使用等方面加大监督力度，使干部职工自觉养成合理用度、拒绝浪费的习惯；在食堂和党员阳光活动室增加"习语""生活照片"文化墙，统一标志标识，利用现有场所、场地和资源，建设边关文化生活设施，开展"我为群众办实事"实践活动，以解决困难群众现实

▲2021年9月12日,普兰海关关员帮助结对帮扶老党员收割青稞

问题为重点,利用业余时间,组织党员干部前往西德村,帮助家中无青壮劳力、结对帮扶的古稀老党员收割青稞。

(撰稿人:闫雯雯)

亚东海关

【概况】亚东海关为正处级口岸型海关，于2019年1月22日获批成立，同年5月1日正式挂牌；位于西藏自治区日喀则市亚东县，驻地海拔2,900米，国门监管一线乃堆拉山口海拔4,318米；辖区（亚东县全境）与印度、不丹接壤；主要监管的乃堆拉通道是我国与印度正式协议开通的季节性边民互市贸易通道，于每年5月1日至11月底开展贸易，每周一至四为交易日，但受疫情及中印边境摩擦等因素影响，该通道自2020年以来保持暂时关闭状态。

截至2021年年底，亚东海关下设办公室、综合业务科2个科室；行政编制17名（含2名艰苦边远地区定向编制）；在职关员16人，其中男性关员8人、女性关员8人；党员9人（包括预备党员1人），占比56.25%；藏族干部11人，汉族干部5人，占比分别69%和31%；均为大专及以上学历。亚东海关设有1个党支部：亚东海关机关党支部。

【党的建设】2021年，亚东海关坚持"第一议题"制度，进一步统一思想、提高站位，认真研究和贯彻落实意识形态领域相关工作。全年开展党委理论中心组学习11次，专题教育集中学习20次，各类研讨交流会6次，上报党史学习教育简报25期。用好"三会一课"，进一步规范程序、凝聚共识。用活"红色资源"，进一步擦亮底色、赓续血脉，组织参观爱国主义教育基地东嘎寺、亚东边关文化展示馆和清亚东关遗址等，开展清明祭英烈、爱国主义电影展播以及退休老党员讲党课等活动，在《中国国门时报》刊发文章《亚东海关的历史变迁》和《当好干部首要"六不"》。落实党史学习教育，进一步聚焦基层、服务群众。2021年亚东海关党建品牌"云端国门"复核通过为全国海关党建示范品牌。

【法治建设】2021年，亚东海关以开展"我为群众办实事"实践活动为契机，强化法治宣传，联合相关部门就疫情防控、疟疾预防等进行线上线下海关法治宣传活动40余次，发放宣传资料2,000余册，持续推动"'4318'法制宣传，助力亚东边贸发展"，营造良好的外部执法环境。

强化与边贸商会联系沟通，及时了解掌握和帮助解决边民互市贸易开展过程中的困难问题，不定期派员前往亚东县边境乡镇及边民聚居点，就防止不丹牛结节性皮肤病传入、新冠肺炎疫情防控、打击走私等工作开展实地调研，同步对边民群众做好宣传讲解。

【疫情防控】2021年，亚东海关强化理论学习，组织关员参加线上线下培训，并在关区开展二次培训。加强实践锻炼，定期开展内部应急演练、桌面推演，派员参加跟班学习和一线轮战。落实内部防控部署，筑牢"内防反弹"隔离墙。定期对办公生活区消毒，落实防疫物资管理"周检查、月汇报"。推进属地联防联控机制建设。

▲2021年8月5日，亚东海关开展"疫"课堂送教上门培训

【口岸疫情防控】2021年，亚东海关严格落实国门生物安全监测工作，共捕获各类实蝇13头，其中3头为亚东海关建关以来首次捕获，定期开展杂草监测。定期开展安全生产检查，组织开展防汛减灾应急演练，全年妥善处置3起地震、塌方突发险情。

【监管业务】2021年，亚东海关稳步推进落实海关监管场所标准化、规范化建设相关工作，先后十余次同亚东县政府相关单位部门开展现场办公会，推进整改工作。派员参加兄弟海关轮战，在严格落实疫情防控工作基础上，学习兄弟海关监管服务优秀做法，补齐短板提高监管质效。针对乃堆拉通道暂时关闭现状，定期开展关区内部培训，鼓励干部职工考取各类必要监管资质，保持关员监管能力水平，为贸易恢复奠定坚实基础。

【财务及后勤保障】2021年，亚东海关针对亚东县城经常断水断电实际，落实断水期"党员取水"制度，保障关员基本生活用水。坚持开展爱国主义电影展播、"红色健身月"、"护绿水青山、守云端国门"等边关特色活动，打造"心愿菜单""心愿书单""云端圆桌派"等暖心聚力措施，持续筹建完善"小洗衣房""小放映室""小医务室"等"五小工程"，推进办公生活区维修改造工作，重建篮球场，丰富"阳光健身房"运动器材，积极解决职工关心关注的问题。

【队伍建设】2021年，亚东海关扎实开展教育培训和实战，全面提升干部队伍工作能力，对照《拉萨海关执法一线科长队伍建设工作任务清单》相关内容，加强对执法一线科长和科室的建设，有效提升各科室干部综合素质和能力。积极参与总署和拉萨海关组织的线上线下培训，主动派员到职能部门跟班学习、到抗疫一线兄弟海关参加轮战，加强执法一线科室建设，全面提升疫情防控等业务能力。强化纪律作风养成，严肃纪律规矩，严格执行《中国共产党廉洁自律准则》和《中国共产党纪律处分条例》等规定，坚持用好监督执纪"四种形态"，定期开展谈心谈话、集中座谈，引导党员干部讲政治、顾大局、守纪律，认真履行职责，确保关区上下锲而不舍、一以贯之做到遵规守纪、风清气正。认真撰写心得体会，切实领悟专项整治工作重要意义和主要精神。针对巡视整改发现的9个问题和自我查摆出的3个问题，举一反三、立行立改，现已全部整改完成。扎实推进"现场监管与外勤执法权力寻租"专项整治，排查发现4处风险薄弱环节并已整改完成。

（撰稿人：达瓦扎西　李鸿强）

日喀则海关

【概况】日喀则海关成立于1974年9月1日，2020年有干部职工23名（藏族11人，汉族12人），主要负责对除聂拉木县、吉隆县及亚东县以外的日喀则地区的进出境运输工具、货物、行李物品、邮递物品和其他物品以及与不丹、尼泊尔接壤的边境线实施监督管理。截至2021年年底，日喀则海关行政编制17人、实有23人。下设办公室、综合业务科、监管科，领导职数处级1个、副处级2个。

【党的建设】2021年，日喀则海关坚持把贯彻落实党的十九届六中全会精神作为当前今后一个时期最重要的政治任务，用好"8848喜孜青年理论夜校""宜勒学习小组"等平台，广泛开展学习贯彻工作，引导广大党员干部从全会精神、从党的百年奋斗历程中汲取智慧和力量，并将其转化为干事创业的热情。以党的建设为引领，提升党建质量。认真履行党建职责。开好民主生活会和组织生活会。采取班子集体查摆与个人分别查摆相结合、全面查摆与重点查摆相结合的方式，认真查摆领导班子、班子成员存在的实际问题及具体表现。做到真正把思想谈通、把意见谈明、把问题谈透，放下思想包袱，发言材料提纲做到开门见山、直奔主题，重点突出、内容实在，不谈成绩、只讲问题，认真组织开好党员领导干部民主生活会、党支部和党小组组织生活会。党支部制订年度"三会一课"计划，组织党员按要求参加"三会一课"，关党委成员及党支部支委每年至少为党员讲1次党课，邀请专家专题讲党课。持续丰富"五彩哈达"党建品牌内涵，全力打造坚强战斗堡垒。2021年，日喀则海关机关党支部"五彩哈达"党建品牌经总署党委复核为全国海关党建（示范）培育品牌；强化精神文明建设，爱国主义文化小院被评为自治区优秀"青年之家"。同年，日喀则海关获得自治区精神文明建设单位。

【监管业务】2021年，日喀则海关按照拉萨海关党委提出的"一个中心、一个中转、一个研训、多点完善"发展规划思路，紧扣传统职能和高原新海关工作定位，依托地缘优势，先行先试，以建设中转型中心海关为着力点，结合日喀则市建设出口查验货场为契机，进一步优化海关监管模式，缓解口岸监管压力。同时在报关、报检、"两段准入"作业模式、网上电子支付签约、进口报关单税收、培塑知识产权海关备案企业6个方面实现"零的突破"。

【专项整治】2021年，日喀则海关严格落实"现场监管与外勤执法权力寻租"专项整治要求，聚焦海关业务一线权力寻租5个环节80项问题廉政风险清单，4次召开专题推进会，20次组织传达相关会议精神及典型案例。及时建立日喀则市外向型企业联系工作群，发放15份《"现场监管与外勤执法权力寻租"专项整治调查问卷》，企业反馈12份，反馈率达80%。企业对海关工作满意率达到100%。

【巡视整改】2021年，日喀则海关对照总署巡视反馈意见指出的问题及拉萨海关党委巡视整改工作方案，逐条梳理、举一反三，主动认领问题11项（其中点名点事项指出日喀则海关存在的问题6项），形成整改措施16条。

【查缉走私】日喀则海关承担着反分裂、反渗透、反走私的艰巨任务，作为日喀则市打私办主要成员，发挥"联合执法工作机制"作用，与市打私办、缉私局、市场监督管理局、公安、国安等部门有效整合资源，加强边境巡查和监管，开展专项打私行动；与聂拉木海关缉私分局、市公安局、市公安边防大队推进边境联合执法，致力于提升部门联合执法效能。在全市范围内营造起全民参与反走私的良好氛围。

【政务管理】日喀则海关作为政治机关，进一步加强政治和业务审核把关，增加重要公文审核程序，严把政治关、业务关、文字关，提升文稿错误查纠有效性，不断规范办文办事办会、档案管理等基础工作，办理各类收文4,412份、审核并发文157份，报送新闻、信息简报等51篇，与2020年相比采用率上升40%。

【财务及后勤保障】2021年，日喀则海关职工周转房及附属用房项目、检验检疫技术中心项目、关史室维修改造项目有条不紊地推进，截至12月份，预算执行率达99.48%。完成中央财政固定资产月报及基建月报的编制上报工作。扎实开展党史学习教育，把"我为群众办实事"作为重要抓手，自3月份起开通连接"四关两局"的暖心直通车，已发车20次服务74人次；主动对接体检中心，协调为关警员提供体检服务30人次；阳关驿站保障关警员出差、休假住宿154人次，发挥中转型中心海关的后勤保障功能。

【督察内审】2021年，日喀则海关对照总署党委第十巡视组指出问题和拉萨海关党委巡视整改要求，共梳理问题11项，形成整改措施16条，整改完成率100%。通过巡视整改，对日喀则海关的各项工作进行了全面体检，对短板瓶颈进行逐一修正。狠抓专项整治。对照《拉萨海关现场监管与外勤执法领域廉政风险清单》，主动认领、排查梳理出10项问题、42个风险点。整改销账率100%，形成相关台账。狠抓工作规范。截至目前，已建立《日喀则海关党委工作规则》等11项制度。

【援尼防疫物资】2021年，日喀则海关按照拉萨海关统一部署，以"零接触""零延时"为目标，在非涉关地仲巴县里孜口岸和陈塘—日屋口岸监管验放援尼物资共计154.26吨，货值11.43万元。

▲2021年1月5日，日喀则海关验放援尼物资

【内部疫情防控】2021年，日喀则海关认真落实常态化疫情防控要求。按照拉萨海关、日喀则市有关疫情防控要求，切实抓好口岸防控、内部防控；扎实开展疫情防控压力测试，已开展3次疫情防控桌面推演、1次突发事件应急演练和3次个人防护穿脱演练，进一步提升处置能力。

（撰稿人：桑　吉）

狮泉河海关

【概况】狮泉河海关于1961年12月15日经国务院第114次会议同意设立，前身是噶尔昆莎海关；1959年11月，海关总署派人员到阿里地区的噶尔昆莎及普兰，接手原西藏地方政府税收组；1961年12月，西藏自治区筹委会根据实际情况在噶尔昆莎设关，在普兰设立分关；1975年8月26日，由新疆乌鲁木齐海关代管；1979年6月9日，国家外贸部发文批复，普兰分关划归拉萨海关管理；1981年12月，普兰分关搬迁到狮泉河镇，报请海关总署批准更名为狮泉河分关，工作点（监管点）仍放在普兰口岸；1984年5月24日，海关总署发文批复，将普兰分关更名为"中华人民共和国狮泉河海关"，隶属于拉萨海关；1991年7月15日，经国务院批准，狮泉河海关升格为处级海关。2013年7月，狮泉河海关缉私分局正式挂牌。普兰海关管辖普兰县全境，缉私业务由狮泉河海关缉私分局管理。2018年机构改革后，狮泉河海关功能类型为属地综合型海关，是负责阿里地区（不含普兰县）海关各类管理工作的执行机构。狮泉河海关下设办公室（党委组织宣传部）、综合业务科2个正科级内设科室，缉私分局设立办公室、侦查科、法治科3个科室。狮泉河海关缉私局共同组建狮泉河海关机关党支部。狮泉河海关共有关警员18人，汉族8人，占比44%；少数民族10人，占比56%。其中海关关员13人（男性关员7人，女性关员6人），缉私警察5人（男性警员4人，女性警员1人）。

【党建工作】2021年，狮泉河海关坚持"第一议题"制度及党委理论中心组学习。坚持"读原著、学原文、悟原理"，学出忠诚、学出担当、学出成效，不断提升班子成员带队伍的政治能力。丰富学习形式，提升学习效果。充分利用讲党课、支部周学习、业务周例会、狮关课堂大家讲等平台，学理论、学业务、抓研讨，开展党史学习教育及"三更"专题教育，持续加强政治机关意识教育，严明政治纪律和政治规矩，增强政治意识、党性意识和纪律意识。党建工作基础不断强化。认真落实"三会一课"等制度，配齐配强支委，筑牢全面从严治党组织基础，推进

"四强"支部建设,并组织开展"寻访革命遗迹、传承先遣精神""我为群众办实事——深入边境村开展海关政策宣传"等形式多样、内容丰富的主题党日活动共计11次。强化准军事化纪律部队建设。深入学习违反中央八项规定典型案例,进一步推进清廉海关建设各项措施,一贯到底纠治"四风"。深化"三个突出问题"整治。

▲2021年7月1日,狮泉河海关在孔繁森纪念馆重温入党誓词

【队伍管理】2021年,狮泉河海关贯彻落实新时代党的建设总要求和新时代党的组织路线,落实总署党委决策部署,聚焦职能职责,坚持科学规范,全面强化机构编制管理;坚持政治统领,牢固树立正确选人用人导向;坚持从严治党,强化干部日常管理监督;坚持党管人才,强化人才队伍全链条管理,推进人才队伍建设高质量发展。强化干部队伍管理,组织常态化准军事化队列训练、现场内务督查和检查,每周举行办公区升国旗仪式,利用准军训练休息时间开展党史教育知识竞答。持续整治"四风"问题,完善作风建设长效机制。深化"强基提质工程",开展"四强"支部建设,形成群体效应。深化党史学习教育,采取"人人上讲台"的方式开展专题讲座。

【法治建设】2021年,狮泉河海关结合实际,修订完善《狮泉河海关贯彻落实"三重一大"决策制度实施办法》《狮泉河海关党委工作规则》等规章制度。先后组织"8·8"海关法治宣传日、宪法宣传周等普法宣传活动。及时总结普法经验与成效,谋划普法规划。加强对内法治教育,提升全体关员法治素养。强化对外法治宣传,面向阿里地区群众举办多次户外普法宣传活动,提高了阿里地区人民群众的法律意识。

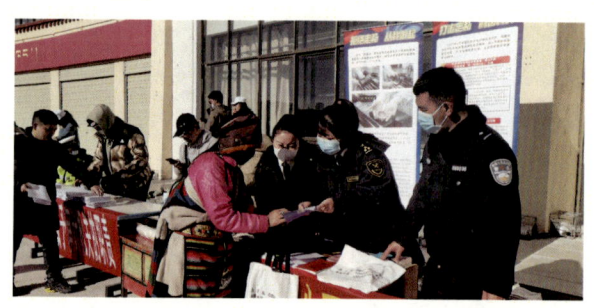

▲2021年3月10日,狮泉河海关开展法制宣传教育活动

【督查内审】制订《狮泉河海关党委巡视整改工作方案》,推动问题治理向完善制度和长效机制转化。针对巡视反馈意见,逐条梳理出4方面13个相关具体问题,认真履行整改主体责任,明确时间节点,做到"问题清零,对账销号",并长期坚持。深入开展"现场监管与外勤执法权力寻租"专项整治工作。组织人员对本

关办公场所定期消杀开展督查，通过组织全面自查和实地监督，推动本单位消杀工作严格落实、不留死角。制定海关业务运行监控管理闭环机制，通过明确专门监督人员的职责分工，加强业务运行监控。

【口岸疫情防控】 2021年，狮泉河海关组织关员参加各类疫情防控相关培训，加强应急队伍建设，"以点带面"提升整体人才素质。提升关员面对突发疫情应急处置能力。开展应急演练，模拟实际情景，组织业务应急预备梯队开展安全防护、口鼻咽拭子采样等技能实操考核，确保"随时能上岗"。选派9人参加吉隆、聂拉木疫情防控一线轮战工作，选派1人参加总署卫生检疫司集中工作，严防新冠肺炎疫情。

【企业管理和服务地方】 2021年，狮泉河海关扎实开展"万百千2021"促进外贸稳增长专项行动。以企业需求为导向，走访调研辖区内企业，重点宣讲促进外贸稳增长"10+7"措施、RCEP原产地规则、进口关税返还等海关优惠政策，全力支持疫情期间困难企业的健康发展。为保障留学人员权益，不断增强人民群众幸福感、获得感，结合"我为群众办实事"，完成首票"留学人员购买免税国产汽车"业务。主动对接属地企业，讲解企业在海关注册登记办理流程和所需资料，首次为辖区内3家企业注册登记，获赠"高原国门之盾 热忱服务为民"锦旗一面。

【财务及后勤保障】 2021年，狮泉河海关从严控制会议、差旅、培训及"三公"经费支出，2021年公务接待费、会议费零支出。细化"过紧日子"措施，改造升级楼顶水房、维修太阳能供电设备，加强节水节能宣传教育。加强涉案财物管理，组织人员对狮泉河海关缉私局涉案财物仓库进行全面自查，按期对涉案财物仓库内涉案财物进行清点梳理。

（撰稿人：于洪淼　班丹坚参）

林芝海关

【概况】中华人民共和国林芝海关前身为西藏出入境检验检疫局驻林芝办事处。2018年4月，原西藏出入境检验检疫局管理职责和队伍整体划入中华人民共和国拉萨海关，并统一以拉萨海关的名义对外开展工作，中华人民共和国林芝海关获批成立。林芝海关作为隶属拉萨海关的正县（处）级单位，下设办公室（党委宣传部）、综合业务科2个内设科室。截至2021年年底，行政编制10人、实有9人、退休1人，无事业编制。

【党的建设】2021年，林芝海关始终坚持以党的政治建设为统领。把学习习近平总书记重要指示批示精神及重要讲话精神作为党委会"第一议题"，认真贯彻党中央重大决策部署和总署工作要求，把学习贯彻党的十九届六中全会精神作为首要政治任务。通过"第一议题"、党委理论学习中心组、"三会一课"等开展学习15次，持续强化理论武装，坚持用党的创新理论武装头脑，指导实践，推动工作。党史学习教育扎实开展。深学细研，筑牢信仰之基。深入学习习近平总书记在党史学习教育动员大会上重要讲话精神，深入研读习近平《论中国共产党历史》、《习近平新时代中国特色社会主义思想学习问答》等规定书目，用好《中国共产党的一百年》等重要参考资料，原原本本、静下心来深读细研，组织干部职工赴西藏农牧学院"伟大开端"中国共产党创建历史图片展览室参观学习，林芝廉政教育基地开展警示教育，不断筑牢干部廉洁从政意识，牢固树立正确价值观。

不断夯实党建基础，党建引领作用不断提升。坚持立足林芝海关实际，坚持打牢党建发展基础，不好高骛远，更不裹足不前，把打牢党建基础作为一项长期工作，不断夯实党建基础、提升党建能力。党建活动室建成投入使用，"初心林""暖心青苑""微党室"等特色党建载体逐步完善，党建高质量发展基础不断打牢。

【党风廉政建设】2021年，林芝海关坚持严的主基调不动摇，持之以恒狠抓党风廉政建设，召开2次廉政专题会议研究关区党风廉政建设，廉洁从政底线进一步筑牢。压实班子主体责任、主要负责人

"第一责任人"责任、分管领导"一岗双责",一把手负总责、分管领导齐抓共管、党员干部参与的良好局面,确保党风廉政建设工作全覆盖。通过干部大会、青年理论学习小组学习、支部学习及个人自学相结合等方式,深入学习中央八项规定精神、《廉洁自律准则》等党章党规党纪,牢固树立廉洁从政思想基础。认真贯彻总署《贯彻落实〈关于加强对"一把手"和领导班子监督的意见〉的实施意见》,研究细化林芝海关落实举措,修订印发《林芝海关党委工作规则》"三重一大"等关党委议事规则。设立举报箱2处,向15家企业发放告知书,组织6人进行违规事项申报及心得撰写。

【业务工作开展情况】2021年,林芝海关立足海关自身职责,结合林芝市实际,逐步形成"坚持一条主线,明确两个定位,突出三个功能,推进四步走发展"的整体思路,充分发挥川藏铁路加快建设,林芝机场辐射范围不断扩大,产业园规模效应凸显等独特优势和对内与云南、四川毗邻,对外与缅甸接壤并连通南亚陆路大通道的重要地理区位优势,逐步将独特的地理区位优势、交通优势和资源优势转化为经济发展的强劲动力,推进林芝市外贸高质量发展。为参加第一届"林芝—澳门松茸节"企业开展业务知识专题讲座,重点向参展企业讲解外贸经营者资质办理、种养殖场(园)及出口食品生产企业备案、进出境旅客行李物品相关规定、"十四五"关税返还政策、RCEP等内容,现场解答企业提出的藏香出口等相关问题。2021年5月14日,林芝市易贡珠峰农业科技有限公司首次完成17件59.84公斤易贡红茶出口至澳门,并成功经澳门地区销往巴西,新鲜松茸顺利出口至澳门,林芝产松茸出口取得临时性突破。林芝海关助力茶叶、松茸出口入选总署第三批"我为群众办实事"百佳项目。截至2021年12月,关区注册进出口货物收发货人39家,进出口食品生产企业7家,种植场备案1家。完成1起减免税稽查,完成1批减免税进口货物目的地检验,开展海关政策宣讲4次,接受企业咨询20余次,深入企业调研10次,完成对辖区12个批次茶叶的抽检工作,委托福州海关技术中心完成2批次26项茶叶指标的检测工作。主动对接米林县、市农业农村局、推进藏香猪出口香港相关工作。对接察隅县商务局推进猕猴桃出口东南亚相关工作。赴极地圣峰公司开展蜂蜜出口调研,赴巨宝丰生物科技公司开展灵芝出口调研,对辖区嘎玛果园特色苹果出口前景开展调研,实地了解达娃曲珍松茸面出口前景并与企业负责人座谈。完成吉太边民互市贸易点向口岸开放可行性研究课题研究。认真落实总体国家安全关,扎实开展国门生物安全监测工作,累计布点41个。开展辖区进口食品安全检查,排查商户4家,发现问题2个并及时反馈。

▲2021年6月25日，林芝海关联合拉萨海关职能处室前往易贡茶场检查出口食品原料种植园日常管理

【疫情防控与后勤保障】2021年，林芝海关多措并举推进基建工作。通过3年滚动预算，边关生活保障能力提升，3次前往林芝市政府汇报相关情况争取办公综合用房项目及资金。慎终如始做好疫情防控。坚定不移贯彻"外防输入、内防反弹"总策略和"动态清零"总方针，克服麻痹思想、厌战情绪、侥幸心理和松劲心态。慎终如始抓好内部疫情防控。加强人员管理和办公场所消毒，及时盘点补齐防疫物资，组织开展防护服穿脱培训。

【队伍建设】2021年，林芝海关队伍建设呈现新面貌，1名同志获得拉萨海关优秀党务工作者称号，2名干部获得拉萨海关个人嘉奖。派出2名干部赴樟木口岸开展疫情防控轮战工作，派出1名一线执法科长赴珠海开展为期6个月的互派锻炼，狠抓青年工作。成立青年理论学习小组，组织观摩总署、拉萨海关机关青年理论学习小组学习交流会，提升青年学习的紧迫性和主动性。组织2名青年干部报名拉萨海关第4期青年党校，提升政治能力。通过钉钉、"高原e课堂"、"三会一课"等形式持续加强理论学习，不断提升对理论学习重要性的认识，提升学习的紧迫性和主动性，提高政治判断力、政治领悟力、政治执行力，坚持用党的创新理论武装头脑、指导实践、推动工作。

（撰稿人：杨高峰　陈　豪）

第七篇 事业单位及团体组织

拉萨海关后勤管理中心

【概况】2001年1月，拉萨海关设立机关服务中心；2016年3月，机关服务中心更名为后勤管理中心；2019年9月，后勤管理中心明确为拉萨海关所属事业单位，主要职责是为机关办公与职工生活提供后勤服务，内设9个部门：综合科、财务科、服务科、采购中心、日喀则业务部、狮泉河业务部、吉隆业务部、聂拉木业务部、成都业务部。

【党的建设】2021年，拉萨海关后勤管理中心以学习贯彻习近平新时代中国特色社会主义思想为主线，认真落实"第一议题"制度，全年召开党员大会8次，学习贯彻党的十九届六中全会精神专题12次，多形式、多渠道引导广大党员干部职工树牢"四个意识"、坚定"四个自信"。围绕"基层党建高质量发展行动"计划，扎实开展主题党日系列活动6次。制定后勤管理中心党史学习教育细化措施，将党史学习教育与"我为群众办实事"实践活动紧密结合，针对干部职工衣食住行各项需求，采取各项便民服务措施，办好优化

▲2021年9月2日，拉萨海关后勤管理中心党支部组织全体干部职工开展"参观谭冠三纪念园"主题党日活动

环境、健身保障、优惠订房、加班送餐等实事。

【疫情防控】2021年，拉萨海关后勤管理中心密切关注地方疫情，动态梳理相关防疫要求，协同机关办公室、人事教育处、财务处等职能部门调整优化防疫举措，监督重点场所消杀工作，做好进出人员及部门管辖人员管控等工作。

【巡视整改】2021年，拉萨海关后勤管理中心按照巡视整改工作和巡察整改工作提出的问题和整改意见，积极推进完成

整改工作，完成巡察问题整改方案的编写并推进整改巡察问题和整改台账制作等工作，制定5个整改问题、8条整改措施，全年共完成巡视整改提出的4个问题7条措施的整改，整改完成率87.5%，较好完成巡视整改工作。

【干部培养】2021年，拉萨海关后勤管理中心加大年轻干部培养。采取"引进来，走出去"模式加快人员培养，引进第三方会计师事务所指导中心财务管理，同时选派人员到工作专班、财务处脱产学习。

【采购管理】2021年，拉萨海关后勤管理中心强化内控主体意识，降低采购执行风险，积极推进采购制度建设，探索适合采购管理工作的内控机制，通过完善《后勤管理中心执行采购管理规定》，进一步理顺采购流程；强化层级审批控制，重点把控紧急特殊项目和重大项目，加强对抽取招标代理机构、采购文件编制、合同签订等各个环节的过程控制，确保采购项目执行合法依规；加强采购信息公示力度，通过登报、门户网站信息公示等方式，提高政府采购透明度，优化营商环境。持续加强廉政教育，从严从实抓好队伍思想教育，定期开展谈心谈话和违法违纪案例学习，把党风廉政教育与主题党日活动相结合，把理论学习和实地参观相结合，筑牢思想防线。

【部门预算管理】2021年，拉萨海关后勤管理中心建立"过紧日子"长效机制，严格落实"过紧日子"要求，牢固树立长期过紧日子思想，建立厉行节约长效机制，从严落实厉行节约反对浪费和长期过紧日子有关要求，从严控制一般性支出预算，加强经费审核管理，加大结转结余资金统筹力度，并按季度报送"过紧日子"相关报表。

【部门决算管理】2021年，拉萨海关后勤管理中心及时进行决算对账，认真做好2020年度决算编报、审核和汇总，全面完成财决报表的上报工作，保证决算的真实、准确。按时向事业监督管理委员会提交2020年海关部门决算分析报告。

【企事业单位财务管理】2021年，经总署部署，全国海关各级行政事业单位编报2021年度国有企业财务会计决算，顺利通过总署审核、财政部集中验审。保质保量做好国有企业经济效益月报编报工作。

【经营管理】2021年，拉萨海关后勤管理中心落实总署、拉萨海关关于所属企业脱钩改革工作部署，按"政企分开、事企分开"原则，对标《国企改革三年行动方案（2020—2022年）》，制订落实国企改革方案，建立健全现代企业制度，推动支持做大做强做优。

【涉案财物管理】2021年，拉萨海关后勤管理中心对涉案仓库管理制度进行完善，建立出入库登记台账，落实"双人双锁""钥匙双人管理""出入双人一起"，并定期对机关涉案仓库进行日常巡查及维护。

【资产管理】2021年,拉萨海关后勤管理中心加强资产规范管理,加大资产报废处置力度,通过关务保障管理系统处置已批准报废的固定资产1件,淘汰冗余低效资产;及时做好资产更新补充,购配资产344件,有效保障业务工作需求,促进资产结构逐步优化。

【安全生产】2021年,拉萨海关后勤管理中心开展安全生产检查活动,做到了思想认识到位、安全措施到位、责任落实到位,实现了全年"零安全事故"。年内,安全生产自检15次,协同机关其他职能部门共同开展安全生产大检查12次。

【生活管理】2021年,拉萨海关后勤管理中心加强机关食堂食材、菜品、防疫、用电、用火等关键环节的监督管理,积极落实粮食节约型机关建设。坚持"即到即发,不落一人"的原则,有序发放各类制式服装,做到"零发放错误"。年内,开展机关食堂安全监督检查共61次。

【车辆管理】2021年,拉萨海关后勤管理中心完成公务用车"一车一档"建设及公务用车使用公示,进一步规范驾驶员及公务用车管理规定,更加有效地保障关区公务用车安全及管理,全年累计为关警员提供公务用车2,051次,全年"零事故";通过"一车一卡"及台账建设,进一步规范公务用车油料管理、维修事宜;对关区车辆进行调配,进一步提高整体车辆使用率。

(撰稿人:晋 美 雍忠云旦)

拉萨海关学会

【概况】 拉萨海关学会是拉萨海关内部专门从事政策理论研究的学术性、非营利性群众团体，行政上受拉萨海关领导，业务上接受中国海关学会和成都分会指导。

【征文活动】 2021年，拉萨海关学会在拉萨海关党委的正确领导下，根据中国海关学会和成都分会的要求，认真开展群众性理论研究，以"海关在总体国家安全观中的历史使命与责任担当"为题，组织开展主题征文活动，收到论文103篇，其中10篇在成都分会的主题征文评审中被评为入选和优秀征文。

2021年2月，拉萨海关学会和拉萨海关思想政治工作办公室联合发文，组织开展"庆祝中国共产党成立100周年"专题征文活动。共征集稿件8篇，其中1篇在中国海关学会评审中被评为入选征文。

（撰稿人：刘香龙）

拉萨海关技术中心

【概况】拉萨海关技术中心成立于1999年；2002年8月，通过原国家质检总局出入境检验检疫系统实验室注册机构西南片区的注册考核；2003年，经中国国家认证认可监督管理委员会（简称"国家认监委"）考核，取得计量认证资格；2007年，首次通过实验室认可和实验室资质认定；2012年11月，通过国家认监委和中国合格评定国家认可委员会（简称"中国合格评定委员会"）共同开展的"三合一"现场扩项+复评审考核，成为当时区内唯一一家具有国家级食品检测资质的专业检测机构；2017年，通过原国家质检总局国家矿泉水检测重点实验室（拉萨）考核验收。

拉萨海关技术中心不仅承担关区范围内的实验室检验检疫工作、海关科研与技术开发，提供技术指导、培训和相关信息服务；同时还承担着西藏地区商品委托检测任务，可对食品、化妆品、轻纺产品、动植物及其产品、土特产品、小家电、建筑材料、日用陶瓷、家具等60多类商品300多个检测项目开展检测，并提供具有法律效力的检测报告。

2021年，拉萨海关技术中心通过CMA和CNAS评审。按期完成中国认监委与中国合格评定委员会2021年度对本技术中心开展的"二合一"监督评审+变更评审+扩项评审远程考核及后续整改工作。经过考核，技术中心实现关于非洲猪瘟等59个新增项目资质扩项。2021年4月，技术中心荣获西藏自治区脱贫攻坚先进集体；同年5月，技术中心荣获西藏自治区科学技术奖三等奖。2021年2月，曹晓钢同志获得"全国食品安全工作先进个人"。

【党风廉政建设】2021年，拉萨海关技术中心引导中心全体党员加强政治理论学习，坚持"第一议题"制度，扎实开展党史学习教育、"三更"专题教育和"我为群众办实事"实践活动。学习习近平总书记"七一"重要讲话精神和在西藏考察时的重要讲话重要指示批示精神，进一步树牢"四个意识"、坚定"四个自信"，坚决做到"两个维护"，强化了大家持之以恒以坚持习近平新时代中国特色社会主义思想武装头脑、指导工作的思想观念，提高了每一位党员的政治机关意识。加强支部班子建设，重视支部内部团结。定期召开座谈会，开展经常性的交流与沟通，建立共同的价值取向。在技术中心营造良好的政治生态环境，激励干事创业。在工作开展过程中，要求大家相互配合，严格遵守"大事讲原则，小事讲风格"。对支部中每位党员持续做好警示教育和法纪教育，持续学习典型案例和相关法律法规，时刻做到警钟长鸣，推动大家以先进的理论武装头脑、更新思想、兴事有为、忠诚履职，切实将学习成果转化为管事干事的举措。突出纪律教育，开展谈心谈话活动14次，提高党员干部廉洁自律意识，防止"四风"问题反弹。组织支部全体党员将"加强政治学习，切实履职尽责，自觉做好新冠肺炎疫情防控，杜绝酒驾、醉驾"作为必须承诺的内容。将党建工作与技术中心日常的工作紧密结合，同部署、同落实、同检查、同通报，加强日常监督。结合"现场监管与外勤执法权力寻租"专项整治工作、巡视巡察整改工作和对技术中心审计整改工作，及时融入拉萨海关机关的规定要求，做到举一反三，不断完善技术中心各项工作操作程序和规章制度。积极开展"我为群众办实事"实践活动。结合技术中心工作实际，将任务最重、工作最繁杂的理化实验室设置成中心支部的先锋示范岗，引导理化实验室的两名党员充分发挥党员的先锋模范作用。号召技术中心党员学习身边榜样，在回顾中心发展历程的过程中增强工作动力、鼓足工作干劲。

【科研项目】2021年，拉萨海关技术中心与广州海关技术中心联合申报的"西藏特色农食产品质量安全技术及标准体系构建与应用"项目荣获西藏自治区科学技术奖三等奖。总署科研项目"青稞及其制品检测、转基因及过敏原成分鉴定"通过总署科技司验收。在"西藏藏香产品质量安全风险评估与灭菌效果评估"项目研究中，首次获得2项实用新型专利授权，实现了技术中心国家专利"零"的突破。向总署科技司申请的"多化学组分模式识别法在尼木藏香真伪鉴别中的应用研究"（主持）、"复杂基体中卡西酮类新精神活性物质的检测技术和筛查应用研究"（参与）和"食品中致泻大肠埃希氏菌多重荧光PCR检测标准化和方法评价研究"（参与）3项科研课题获得立项批复。

【制修订标准】2021年，拉萨海关技术中心主持完成《地理标志产品 那曲冬虫夏草》《木碗》《地理标志产品 西藏藏红花》和《西藏藏红花加工技术规程》4项地方标准工作，现已发布实施。向总署申报行业标准1项。向自治区卫生健康委员会申报的《食品安全地方标准 酿造用藏曲》获得立项；向自治区卫生健康委员会提交制定《食品安全地方标准 藏面》和《食品安全地方标准 藏式甜茶》2项标准的申请材料。向自治区市场监督管理局申报的《酿造用藏曲生产加工技术规程》

《藏香生产加工技术规程》《冬虫夏草中虫草酸的测定 液相色谱法》3项地方标准获得立项。另外，与区农牧科学院质量标准研究所联合申请制定的《青稞中总黄酮的测试方法》与《有色青稞中花青素测试方法》2项标准也获得立项。

【能力验证】2021年，拉萨海关技术中心根据国家认监委和CNAS的要求，结合技术中心检测工作实际，全年各实验室共参加能力验证10次17项。参加的能力验证，均取得较好结果，体现了技术中心检测能力的稳定与进步。

【日常检测】2021年，拉萨海关技术中心开展并全面完成日常检测工作。2021年，拉萨海关技术中心共接收检验样品3,401批，完成检验项目3.8万余个，检出不合格商品201批，检出检疫性有害生物24批。全面完成2021年度拉萨海关口岸公共卫生用品检测工作；完成企业所送样品检测工作。顺利与区卫生健康委员会签订乳制品国家标准跟踪评价工作协议，并按计划全面完成此项工作。加强技术人才队伍建设，努力提高检测人员的综合素质。实现对技术中心2名已获高级职称资格多年人员的职称聘任。提升中心人才队伍的整体素质，提高大家工作的积极性。加强培训，不断提高技术中心人员素质。派出3名人员参加国家标准化管理委员会在拉萨组织的《标准化工作导则：文件的起草与编写规则》（GB/T 1.1—2020）培训。对各隶属海关开展线上、线下培训工作，培训内容涉及消毒效果评价及实验室检测、松材线虫鉴定等。

加强实验室管理，强化对技术中心《质量管理体系》（E版）的执行。修订完善中心现有的《质量管理体系》（E版）文件，做到持续改进。全面完成2021年度技术中心71台套须法定计量仪器设备的计量、校准工作，并对校准后的参数进行确认，以确保技术中心检测结果数据的准确性。

▲2021年2月，曹晓钢同志获得"全国食品安全工作先进个人"

（撰稿人：王顺芝　李二鹏）

西藏国际旅行卫生保健中心

【概况】西藏国际旅行卫生保健中心（拉萨海关口岸门诊部）是根据原国家质检总局文件，在原中华人民共和国拉萨国境卫生检疫局检验室、西藏商检局医务室、樟木国境卫生检疫局检验室和拉萨国际旅行卫生保健服务中心的基础上于1999年创建的，目前隶属于中华人民共和国拉萨海关，是具有独立法人资格的医疗卫生事业单位。配备中级以上职称3人，35岁以下青年党员4人，中层干部3人，形成老中青相结合、专业知识和经验丰富、专业技术层次较高的特色专业队伍。中心具有良好的工作环境和配套设施，业务用房面积约两千平方米。

西藏国际旅行卫生保健中心依法主要承担西藏地区出入境人员国际旅行医学检查检验、预防接种、医疗服务以及卫生保健咨询；承担口岸公共卫生技术管理与科学研究卫生检疫技术支撑工作；国际疫情信息收集，开展健康卫生宣教；承担卫生检疫关口前移相关专业人员培训及派遣工作。于2003年通过国家计量认证，于2006年分别通过ISO 9001、ISO/IEC 17025认证认可。

西藏国际旅行卫生保健中心进一步强化落实中央机构改革部署，贯彻落实总署2021年工作会议精神，扎实推进"五关"建设，锲而不舍、一以贯之，争当新时代新海关的建设者、排头兵，为实现以"筑牢口岸检疫防线"为核心，从境外、口岸、境内三个环节关注国境卫生检疫重点传染病。2021年度，保健中心获得"西藏自治区抗击新冠肺炎疫情先进集体""西藏自治区巾帼文明岗"等荣誉称号，1名党员被评为关区优秀党员。

【认证情况】西藏国际旅行卫生保健中心于2002年通过ISO/IEC 17025国际标准注册，于2003年通过国家计量认证，并取得国家认监委颁发的计量合格证书。HIV初筛实验室于2002年通过原国家质检总局考核，于2004年在全国艾滋病实验室考核中取得优异成绩。2005年，本中心通过ISO 9001质量体系认证和ISO/IEC 17025认可；是西藏地区唯一一家同时具备ISO 9001质量体系认证、ISO/IEC 17025认可、国家计量认证资格的医疗检测机构。2017年和2020年，保健中心分别通过ISO/IEC 17025实验室认可复评审和ISO 9001质量管理体系再认证。截至2021年年底，认可项目达78项。

【科研方面】2021年，西藏国际旅行卫生保健中心向总署科技司申请的"基于宏基因组测序和多重扩增子测序技术的自动化检测平台对新型冠状病毒和流感病毒的变异株监测和疫源地溯源"（参与）和"基于宏转录组测序技术对口岸输入性病媒生物病毒组研究"（参与）3项科研课题获得立项批复。

【常态化疫情防控】2021年，西藏国际旅行卫生保健中心持续做好常态化疫情防控。截至12月31日，完成新冠病毒核酸检测2,054人次（其中关警员1,754人次）、新冠病毒抗体检测108人次。完成全关区关警员体温监测40,520人次，排除异常体温302人次。

▲4月12日，拉萨海关保健中心分子生物实验室进行新冠病毒核酸检测

【业务能力维持提升】2021年，保健中心根据客户和社会不断增长的需求，提高业务水平和能力，提高服务水准，不断完善和改进质量管理体系，持续保证受检者对本中心的信心，持续确保质量管理体系有效运行。分别与内地三个保健中心开展12种医学媒介生物形态学鉴定及5个盲样的新冠病毒检测室间比对，结果一致。标准查新70余项，试剂验证21余项。顺利通过ISO/IEC 17025复评审，扩项认可1项（新冠病毒）。新冠病毒样本检测能力从单日96个提升至576个。对口岸送检鼠类进行形态学鉴定及标本制作，进一步提升卫生检疫技术支撑能力。对口岸送检的26批、242只生物样本开展形态学鉴定，制作媒介标本24只，提取鼠类脏器样本405份，进行3个项目的病原体检测。为关区开展新冠病毒核酸采样、个人防护、实验室检测等培训近260人次。开展各类突发公共卫生事件应急演练7次。抽派3

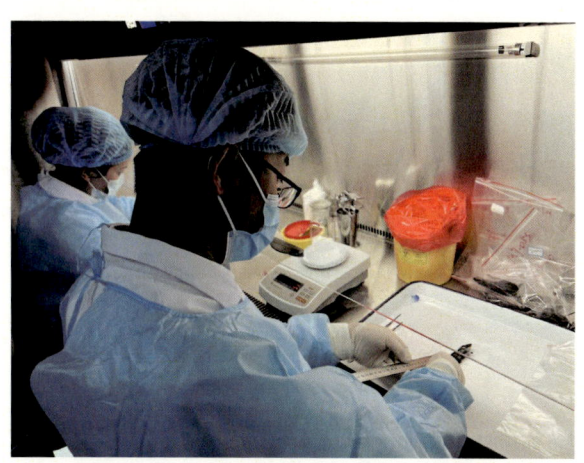

▲10月23日，保健中心媒介生物实验室对口岸送检鼠类进行形态学鉴定及标本制作，进一步提升卫生检疫技术支撑能力

名技术人员前往各口岸开展实验室建设调研、医学媒介生物监测，参与西藏地区P2

实验室认证评审工作。全年贯彻预防为主、科学防治方针，依法检疫、科学处置，筑牢国门安全屏障，依法依规认真履行各项工作职责。

【日常体检工作】截止到2021年12月31日，完成体检2,515人次，入境人员中检出梅毒螺旋体抗体阳性6例、乙肝病毒抗原阳性2例。预防接种3人次。

（撰稿人：余　强）

第八篇

人物荣誉

拉萨海关首次荣获"光荣在党50年"纪念章名单

张振英　格桑卓玛　罗家纯　拉巴顿珠

2021年拉萨海关获得扎根艰苦地区边关工作金质奖章名单

尼玛格桑　刘　威　　朱志峰　　　　琪梅玉珍　马春兰　　次仁卓嘎
姚鹤喜　　白玛央宗　次仁桑珠　　　次仁卓玛　赤列加措

2021 年拉萨海关获得表彰名录

1. 办公室周灵霞被海关总署保密委员会评为全国海关机要保密工作劳动模范

2. 办公室平央被西藏自治区党委办公厅评为全区党委系统信息报送工作先进个人

3. 法规处索朗次仁被中央宣传部、全国普法办、司法部评为2006—2021年全国普法先进个人

4. 法规处毛从辉被中央宣传部、全国普法办、司法部评为2006—2021年全国普法先进个人

5. 口岸监管处益西拉珍被西藏自治区人民政府办公厅评为2020年度全区政务信息报送工作先进个人

6. 企业管理和稽查处旦增列培被中共西藏自治区委员会组织部评为全区第三批优秀村（社区）党组织第一书记称号

7. 人事教育处扎西顿珠被中共西藏自治区委员会、西藏自治区人民政府评为全区脱贫攻坚先进个人

8. 机关党委郭雄《执守世界之巅》教材被海关总署办公厅评为党的十九大以来海关优秀教学成果特等奖

9. 缉私局张奕晴被海关总署缉私局评为优秀共产党员

10. 缉私局旦巴江措被海关总署缉私局评为优秀党务工作者

11. 缉私局朱志锋被海关总署缉私局评为个人三等功

12. 缉私局罗俊被海关总署缉私局评为个人嘉奖

13. 吉隆海关旦增平措被中共西藏自治区委员会、西藏自治区人民政府评为自治区抗击新冠肺炎疫情先进个人

14. 吉隆海关旦增平措被中共西藏自治区委员会、西藏自治区人民政府评为自治区抗击新冠肺炎疫情先进优秀共产党员

15. 吉隆海关达瓦平措被中共西藏自治区委员会、西藏自治区人民政府评为自治区抗击新冠肺炎疫情先进个人

16. 吉隆海关次仁卓嘎被西藏自治区妇联评为自治区巾帼建功标兵

17. 聂拉木海关高保学被中共西藏自治区委员会、西藏自治区人民政府评为自治区抗击新冠肺炎疫情先进个人

18. 聂拉木海关索朗扎西被中共西藏

自治区委员会、西藏自治区人民政府评为自治区创先争优强基础惠民生活动先进驻村（居）工作队

19. 普兰海关祝少帅被海关总署政法司评为2020年全国海关优秀公职律师

20. 亚东海关孙卓被海关总署评为中共海关总署党校第19期中青班优秀班干部

21. 技术中心曹晓钢被国务院食品安全委员会评为"全国食品安全工作先进个人"

22. 技术中心曹晓钢获西藏自治区科学技术奖（西藏特色农食质量安全技术及标准体系构建与应用产品）

23. 技术中心王顺芝获西藏自治区科学技术奖（西藏特色农食质量安全技术及标准体系构建与应用产品）

24. 技术中心王君获西藏自治区科学技术奖（西藏特色农食质量安全技术及标准体系构建与应用产品）

25. 技术中心文艺获西藏自治区科学技术奖（西藏特色农食质量安全技术及标准体系构建与应用产品）

第九篇 大事记

2021年拉萨海关大事记

1月

▲19日 拉萨海关所属拉萨贡嘎机场海关顺利保障喜马拉雅航空公司RNP AR首次验证试飞。

▲24日 自治区政协委员、一级巡视员尹卫锋出席政协第十一届西藏自治区委员会第四次会议并作大会发言。

▲25日 拉萨海关牵头组织开展并顺利通过拉萨综合保税区预验收工作。

2月

▲5日 拉萨海关与自治区商务厅签订《关于深化协助机制 共同推动面向南亚开放重要通道建设的合作框架协议》。

▲8日 2021年拉萨海关工作会议、全面从严治党工作会议在拉萨召开。

▲23日 拉萨海关《关于2021年全国海关工作会议及拉萨海关工作会议有关情况的报告》获西藏自治区政府副主席罗梅批示。

3月

▲2日 技术中心通过水中高锰酸盐指数测定能力验证。

保健中心20个检测项目通过国家认可委扩项认可。

▲9日 吉隆海关缉私分局查获一起涉嫌走私贵重金属出境案。

▲20日 拉萨贡嘎机场海关完成2021年首架进口飞机通关征税工作。

▲21日 八廓海关根据风险布控指令,在一寄自奥地利的进境邮件中一次性查获违禁藏药365件。

4月

▲13日 总署副署长胡伟出席拉萨海关党委班子见面安排会、拉萨海关关长任职仪式。

▲14日 拉获海关党委书记、关长李晋主持召开总署党委第十巡视组巡视拉萨海关党委动员会。

▲19日 八廓海关在寄自美国的进境邮件中查获疑似象牙制品23克。

吉隆海关缉私分局查获涉案疑似犀牛角约1,074克。

5月

▲6日　关长李晋前往自治区人民政府向王勇副主席介绍拉萨海关基本情况及重点工作开展情况。

▲7日　国务院联防联控机制第六工作指导组检查吉隆口岸疫情防控工作。

▲11—14日　党委书记、关长李晋赴樟木口岸、吉隆口岸一线和日喀则海关就疫情防控、党史学习教育、"三更"专题教育、"现场监管与外勤执法权力寻租"专项整治等工作开展调研。

6月

▲3日　西藏自治区人民政府党组成员、副主席王勇一行在拉萨海关调研。

▲9日　党委书记、关长李晋前往自治区人民政府向齐扎拉主席汇报拉萨海关近期工作情况。

▲11日　聂拉木海关全力保障西藏自治区捐助的防疫物资通关。

▲22日　西藏自治区人民政府副主席王勇一行在樟木、吉隆口岸调研检查口岸疫情防控工作。

▲24日　党委书记、关长李晋在拉萨海关机关以"回望过往的奋斗路 眺望前方的奋进路 以史明志启航社会主义现代化高原海关新征程"为主题讲授党史学习教育专题党课。

党委书记、关长李晋在拉萨海关机关主持召开2021年上半年全面从严治党工作暨党风廉政建设和反腐败工作例会、党建述职评议会、"两优一先"表彰大会。

7月

▲1日　拉萨海关组织312名干部职工集中收听收看庆祝中国共产党成立100周年大会实况，并于当天下午组织县处级及以上领导干部开展集中学习。

▲6日　西藏自治区人民政府副主席王勇、副秘书长高宝军，以及商务厅党组书记、副厅长李文革，副厅长苏斌和石成华一行8人前往北京拜访海关总署领导，拉萨海关副关长米玛次仁、办公室副主任熊亮陪同。总署党委委员、办公厅（国家口岸管理办公室）主任黄冠胜，自贸区和特殊区域发展司司长陈振冲，国家口岸管理办公室副主任党英杰，口岸监管司副司长许书良，挂职干部德吉措姆（厅局级副职）参加了座谈。

▲13日　拉萨海关分子生物实验室通过西藏自治区疾控中心专家组考评。

▲19日　保健中心分子生物实验室顺利完成《实验室备案证书》资质年审工作。

▲23日　拉萨海关召开党委会议，第一时间传达学习习近平总书记在西藏考察调研期间重要讲话精神，关党委委员围绕习近平总书记对西藏干部特殊关心关爱之情，结合自身工作交流发言，研究贯彻落实意见。

▲25日　日喀则海关在非设关地里孜

口岸顺利完成援助尼泊尔生活物资监管验放工作。

▲27—31日　党委纪检组组长姬永新陪同驻署纪检监察组组长陶治国赴日喀则、吉隆、林芝海关开展调研。

8月

▲16日　技术中心组织申报的2项科研课题获得总署科技司立项。

▲17日　八廓海关签发拉萨关区首份"智能审核+自助打印"原产地证书。

▲26日　拉萨海关所属林芝海关助力产自林芝的新鲜松茸顺利出口至澳门。

▲26—27日　党委书记、关长李晋在亚东海关调研。

▲26—30日　政治部主任赵秋霞陪同上海特派办督导检查组赴普兰海关、狮泉河海关、林芝海关开展调研。

▲30日　聂拉木海关缉私分局查获疑似象牙制品、犀牛角走私案。

9月

▲15日　拉萨海关召开2021年新关员见面会。

▲19—20日　关长李晋赴四川成都开展调研，并看望离退休干部。

10月

▲14日　拉萨海关所属普兰海关成功办理该关建关以来首票进口货物通关手续。

11月

▲10日　拉萨海关首批化肥在抽检合格后经樟木口岸顺利通关。

▲12日　关长李晋赴拉萨贡嘎机场海关开展调研。

▲16日　关长李晋带队前往自治区政府，向王勇副主席介绍拉萨海关近期重点工作完成情况。

▲29日　吉隆海关新冠病毒核酸检测实验室通过自治区级室间质评考核。

▲30日　拉萨海关与西藏自治区国家安全厅签署战略合作协议。

12月

▲9日　拉萨海关召开2021年下半年全面从严治党暨党风廉政建设工作例会、2021年党建述职评议会。

▲14日　吉隆海关会同吉隆口岸联防联控机制其他成员单位，共同开展吉隆口岸新冠肺炎疫情防控全流程演练。

▲20日　日喀则海关助力本地企业首次在总署知识产权海关保护备案成功。

▲24日　吉隆海关缉私分局联合吉隆县公安局查获案件2起。

第十篇

拉萨海关统计资料

西藏自治区进出口商品年度总值表

年度	进出口		出口		进口	
	人民币(元)	人民币同比(%)	人民币(元)	人民币同比(%)	人民币(元)	人民币同比(%)
2010	5,656,959,899	105.97	5,215,549,492	103.37	441,410,407	142.70
2011	8,775,183,839	55.12	7,639,791,676	46.48	1,135,392,163	157.22
2012	21,641,485,648	146.62	21,205,491,670	177.57	435,993,978	-61.60
2013	20,656,725,715	-4.55	20,346,081,272	-4.05	310,644,443	-28.75
2014	13,848,154,493	-32.96	12,900,393,981	-36.60	947,760,512	205.10
2015	5,654,107,159	-59.17	3,623,547,877	-71.91	2,030,559,282	114.25
2016	5,167,937,732	-8.60	3,123,939,173	-13.79	2,043,998,559	0.66
2017	5,865,685,015	13.50	2,930,873,165	-6.18	2,934,811,850	43.58
2018	4,751,880,282	-18.99	2,856,977,078	-2.52	1,894,903,204	-35.43
2019	4,875,693,910	2.61	3,745,488,098	31.10	1,130,205,812	-40.36
2020	2,132,859,331	-56.26	1,293,636,835	-65.46	839,222,496	-25.75
2021	4,016,184,546	88.30	2,251,984,938	74.08	1,764,199,608	110.22

2021年西藏自治区进出口商品月度总值表

月度	进出口		出口		进口	
	人民币(元)	人民币同比(%)	人民币(元)	人民币同比(%)	人民币(元)	人民币同比(%)
合计	4,016,184,546	88.30	2,251,984,938	74.08	1,764,199,608	110.22
1月	172,688,809	-59.83	119,607,294	-61.46	53,081,515	-55.59
2月	73,655,310	26.10	43,895,822	130.70	29,759,488	-24.43
3月	784,985,747	1,377.59	140,262,448	542.50	644,723,299	1,960.12
4月	224,360,174	405.61	206,361,074	685.38	17,999,100	-0.55
5月	207,096,118	54.28	191,490,916	98.43	15,605,202	-58.64
6月	520,803,916	396.69	177,001,363	149.83	343,802,553	910.97
7月	192,224,226	79.66	138,598,882	55.85	53,625,344	196.93
8月	187,872,203	58.77	156,128,774	99.19	31,743,429	-20.54
9月	250,570,231	115.11	219,356,653	1,056.72	31,213,578	-67.99
10月	723,120,981	169.29	291,020,470	81.89	432,100,511	298.14
11月	316,297,458	-28.89	259,654,733	22.93	56,642,725	-75.75
12月	362,509,373	43.38	308,606,509	61.32	53,902,864	-12.39

2021年西藏自治区进出口商品国别（地区）前30位总值表

产终国(地)	进出口 2021年01月-2021年12月		出口 2021年01月-2021年12月		进口 2021年01月-2021年12月	
	人民币(元)	人民币同比(%)	人民币(元)	人民币同比(%)	人民币(元)	人民币同比(%)
尼泊尔联邦民主共和国	1,797,310,821	69.35	1,796,221,652	70.08	1,089,169	-78.87
德国	1,264,533,919	4,507.40	17,986	-20.19	1,264,515,933	4,511.12
刚果（金）	245,650,932	—	245,650,932	—	0	—
美国	192,042,196	-24.50	39,925,895	1,336.49	152,116,301	-39.53
法国	104,971,918	12.18	271,293	365.77	104,700,625	11.96
比利时	43,271,440	28.18	5,293,551	911.46	37,977,889	14.27
韩国	41,815,673	-23.36	16,838,624	52.56	24,977,049	-42.61
吉尔吉斯斯坦	36,009,640	-3.32	0	—	36,009,640	-3.32
俄罗斯联邦	33,383,016	-74.78	1,889,252	86,049.20	31,493,764	-76.21
秘鲁	30,876,821	-7.64	2,636,028	—	28,240,793	-15.53
中国香港	20,706,621	-64.82	11,353,183	-77.25	9,353,438	4.57
印度	18,827,164	40.53	16,769,549	253.54	2,057,615	-76.22
英国	18,154,113	44.85	11,714	-99.67	18,142,399	101.39
塔吉克斯坦	18,141,408	-37.82	18,141,408	-37.82	0	—
印度尼西亚	17,652,894	-86.24	17,614,620	-85.92	38,274	-98.79
中国台湾	14,815,774	-51.43	21,554	-16.42	14,794,220	-51.46
意大利	11,974,605	-66.65	4,746,332	808,474.45	7,228,273	-79.87
越南	9,499,696	58.10	9,499,696	—	0	-100.00
日本	9,347,557	597.31	4,141,994	1,475.27	5,205,563	383.08
哥伦比亚	9,203,397	—	9,203,397	—	0	—
老挝	8,811,239	779.84	0	—	8,811,239	779.84
缅甸	8,653,907	811,711.16	0	—	8,653,907	811,711.16

续表

产终国(地)	进出口		出口		进口	
	2021年01月-2021年12月		2021年01月-2021年12月		2021年01月-2021年12月	
	人民币(元)	人民币同比(%)	人民币(元)	人民币同比(%)	人民币(元)	人民币同比(%)
巴基斯坦	8,486,709	—	8,486,709	—	0	—
土耳其	5,621,202	733.14	5,574,930	728.05	46,272	3,108.88
泰国	5,457,291	2,290.15	694,500	25,237.47	4,762,791	2,011.33
加拿大	4,222,160	362.53	4,222,160	362.53	0	—
乌克兰	3,920,088	5,025,653.85	3,920,088	5,025,653.85	0	—
葡萄牙	3,325,616	606,764.23	3,325,616	606,764.23	0	—
波兰	2,994,743	546,385.95	2,994,743	546,385.95	0	—
克罗地亚	2,719,472	—	2,719,472	—	0	—

2021年西藏自治区进出口商品贸易方式总值表

贸易方式	进出口 2021年01月-2021年12月		出口 2021年01月-2021年12月		进口 2021年01月-2021年12月	
	人民币(元)	人民币同比(%)	人民币(元)	人民币同比(%)	人民币(元)	人民币同比(%)
合计	4,016,158,946	88.30	2,251,959,364	74.08	1,764,199,582	110.22
一般贸易	2,254,882,070	104.84	502,377,928	75.20	1,752,504,142	115.28
边境小额	1,722,266,631	78.15	1,722,266,631	78.44	0	-100.00
其他进出口免费	22,296,128	-54.08	11,010,664	-64.92	11,285,464	-34.25
援助物资	13,106,832	763.34	13,106,832	763.34	0	—
捐赠物资	2,010,000	-68.00	2,010,000	-65.02	0	-100.00
邮快件电商包裹	1,073,871	-14.01	664,911	-30.77	408,960	41.84
出料加工	520,000	—	520,000	—	0	—
货样广告品	2,398	—	2,398	—	0	—
低值快件货物	1,016	-4.06	0	—	1,016	-4.06

2021年西藏自治区进出口企业性质总值表

企业性质	进出口		出口		进口	
	2021年01月-2021年12月		2021年01月-2021年12月		2021年01月-2021年12月	
	人民币(元)	人民币同比(%)	人民币(元)	人民币同比(%)	人民币(元)	人民币同比(%)
合计	4,016,158,946	88.30	2,251,959,364	74.08	1,764,199,582	110.22
私营企业	2,423,659,325	43.07	2,096,093,882	83.53	327,565,443	-40.66
国有企业	1,403,470,863	808.98	8,270,138	-37.31	1,395,200,725	888.05
个体工商户	119,074,963	11.85	119,074,963	11.85	0	—
中外合资企业	43,481,382	-69.34	2,660,659	911.66	40,820,723	-71.16
集体企业	25,348,442	-12.72	25,144,711	-10.85	203,731	-75.70
其他	1,123,971	-84.07	715,011	-79.18	408,960	-88.71

2021年西藏自治区进出口商品收发货人所在地总值表

收发货人所在地	进出口		出口		进口	
	2021年01月-2021年12月		2021年01月-2021年12月		2021年01月-2021年12月	
	人民币(元)	人民币同比(%)	人民币(元)	人民币同比(%)	人民币(元)	人民币同比(%)
合计	4,016,158,946	88.30	2,251,959,364	74.08	1,764,199,582	110.22
拉萨市	3,617,136,981	126.76	2,084,384,252	87.18	1,532,752,729	218.29
日喀则市	173,031,076	-24.28	136,174,553	-14.23	36,856,523	-47.16
那曲市	148,334,828	-41.42	0	-100.00	148,334,828	-38.76
昌都市	46,072,592	28.80	29,085,010	230.97	16,987,582	-37.05
山南市	23,442,312	35.35	0	—	23,442,312	35.35
林芝市	6,719,187	173.89	1,785,092	19.46	4,934,095	414.56
阿里地区	1,421,970	225.92	530,457	—	891,513	104.34

2021年西藏自治区进出口商品运输方式总值表

运输方式	进出口 2021年01月-2021年12月		出口 2021年01月-2021年12月		进口 2021年01月-2021年12月	
	人民币(元)	人民币同比(%)	人民币(元)	人民币同比(%)	人民币(元)	人民币同比(%)
合计	4,016,158,946	88.30	2,251,959,364	74.08	1,764,199,582	110.22
公路运输	1,805,716,927	70.75	1,796,661,206	70.80	9,055,721	61.95
航空运输	1,583,037,976	272.78	15,859,691	-16.86	1,567,178,285	286.40
水路运输	574,716,313	5.04	423,172,688	163.97	151,543,625	-60.82
铁路运输	47,502,371	-21.30	11,492,731	-51.35	36,009,640	-1.97
其他运输	3,830,267	-90.76	3,830,267	-89.78	0	-100.00
邮件运输	1,355,092	-22.73	942,781	-21.22	412,311	-25.96

2021年西藏自治区进出口商品类章总值表

商品类章	进出口 2021年01月-2021年12月		出口 2021年01月-2021年12月		进口 2021年01月-2021年12月	
	人民币（元）	人民币同比(%)	人民币（元）	人民币同比(%)	人民币（元）	人民币同比(%)
合计	4,016,184,546	88.30	2,251,984,938	74.08	1,764,199,608	110.22
第1章 活动物	75,000	—	75,000	—	0	—
第6章 活树及其他活植物；鳞茎、根及类似品；插花及装饰用簇叶	19,000	—	19,000	—	0	—
第7章 食用蔬菜、根及块茎	14,397,236	47.04	14,397,236	47.04	0	—
第8章 食用水果及坚果；甜瓜或柑橘属水果的果皮	4,999,111	55.46	4,999,111	55.46	0	—
第9章 咖啡、茶、马黛茶及调味香料	478,716	—	246,948	—	231,768	—
第10章 谷物	1,044,000	650.00	1,044,000	650.00	0	—
第11章 制粉工业产品；麦芽；淀粉；菊粉；面筋	951,047	17.46	951,047	17.46	0	—
第12章 含油子仁及果实；杂项子仁及果仁；工业用或药用植物；稻草、秸秆及饲料	3,339,285	-86.83	3,339,285	-86.83	0	—
第15章 动、植物或微生物油、脂及其分解产品；精制的食用油脂；动、植物蜡	31,751,764	-76.07	258,000	-15.40	31,493,764	-76.21
第16章 肉、鱼、甲壳动物、软体动物及其他水生无脊椎动物、昆虫的制品	278,142	—	278,142	—	0	—

续表1

商品类章	进出口 2021年01月-2021年12月		出口 2021年01月-2021年12月		进口 2021年01月-2021年12月	
	人民币（元）	人民币同比(%)	人民币（元）	人民币同比(%)	人民币（元）	人民币同比(%)
第17章 糖及糖食	106,041	-4.14	0	-100.00	106,041	—
第18章 可可及可可制品	12,621	—	0	—	12,621	—
第19章 谷物、粮食粉、淀粉或乳的制品；糕饼点心	451,070	1,013.75	282,471	597.46	168,599	—
第21章 杂项食品	535,073	72.61	374,400	20.78	160,673	—
第22章 饮料、酒及醋	8,990,749	-21.26	6,266,515	-17.21	2,724,234	-29.21
第23章 食品工业的残渣及废料；配制的动物饲料	13,607,345	—	13,607,345	—	0	—
第24章 烟草、烟草及烟草代用品的制品；非经燃烧吸用的产品，不论是否含有尼古丁；其他供人体摄入尼古丁的含尼古丁的产品	432,462	-35.28	0	—	432,462	-35.28
第25章 盐；硫磺；泥土及石料；石膏料、石灰及水泥	274	-99.84	274	-99.84	0	—
第26章 矿砂、矿渣及矿灰	73,061,672	-18.92	0	—	73,061,672	-18.92
第27章 矿物燃料、矿物油及其蒸馏产品；沥青物质；矿物蜡	52,991	—	1,000	—	51,991	—
第28章 无机化学品；贵金属、稀土金属、放射性元素及其同位素的有机及无机化合物	3,694,746	7,723.05	3,692,411	7,718.10	2,335	—
第29章 有机化学品	83,765,085	8,820.48	83,640,399	8,936.21	124,686	830.08
第30章 药品	166,951,512	-40.03	3,919,495	15.32	163,032,017	-40.71
第31章 肥料	821,048	584.21	821,048	584.21	0	—
第32章 鞣料浸膏及染料浸膏；鞣酸及其衍生物；染料、颜料及其他着色料；油漆及清漆；油灰及其他类似胶粘剂；墨水、油墨	1,366,996	134.01	1,366,996	136.56	0	-100.00
第33章 精油及香膏；芳香料制品及化妆盥洗品	10,337,861	0.64	1,011,238	-22.39	9,326,623	3.98

续表2

商品类章	进出口 2021年01月-2021年12月		出口 2021年01月-2021年12月		进口 2021年01月-2021年12月	
	人民币(元)	人民币同比(%)	人民币(元)	人民币同比(%)	人民币(元)	人民币同比(%)
第34章 肥皂、有机表面活性剂、洗涤剂、润滑剂、人造蜡、调制蜡、光洁剂、蜡烛及类似品、塑型用膏、"牙科用蜡"及牙科用熟石膏制剂	1,544,227	37.15	1,532,349	39.14	11,878	-51.77
第35章 蛋白类物质；改性淀粉；胶；酶	502,757	-27.14	502,757	-26.65	0	-100.00
第37章 照相及电影用品	26,400	-90.48	26,400	-90.48	0	—
第38章 杂项化学产品	3,583,857	-77.53	3,562,509	-77.50	21,348	-81.63
第39章 塑料及其制品	39,222,022	71.57	37,255,566	72.09	1,966,456	62.28
第40章 橡胶及其制品	8,503,332	74.84	7,260,145	103.12	1,243,187	-3.56
第41章 生皮（毛皮除外）及皮革	521,723	362.56	0	—	521,723	362.56
第42章 皮革制品；鞍具及挽具；旅行用品、手提包及类似容器；动物肠线（蚕胶丝除外）制品	35,480,441	132.68	34,848,222	211.95	632,219	-84.50
第43章 毛皮、人造毛皮及其制品	3,383,425	—	3,383,425	—	0	—
第44章 木及木制品；木炭	2,480,483	476.24	774,549	107.20	1,705,934	2,911.73
第47章 木浆及其他纤维状纤维素浆；回收（废碎）纸及纸板	2,983,730	—	0	—	2,983,730	—
第48章 纸及纸板；纸浆、纸或纸板制品	5,778,456	299.54	5,390,480	290.42	387,976	491.61
第49章 书籍、报纸、印刷图画及其他印刷品；手稿、打字稿及设计图纸	100,955	29.26	77,475	-0.80	23,480	—
第50章 蚕丝	431,392	34.34	431,392	34.34	0	—
第51章 羊毛、动物细毛或粗毛；马毛纱线及其机织物	33,426,062	6.07	33,048,963	5.39	377,099	143.94
第52章 棉花	2,181,171	-2.84	1,222,520	-34.52	958,651	153.68
第54章 化学纤维长丝；化学纤维纺织材料制扁条及类似品	17,882,561	-38.87	14,166,489	-48.25	3,716,072	98.05

续表3

商品类章	进出口		出口		进口	
	2021年01月-2021年12月		2021年01月-2021年12月		2021年01月-2021年12月	
	人民币（元）	人民币同比（%）	人民币（元）	人民币同比（%）	人民币（元）	人民币同比（%）
第55章 化学纤维短纤	69,702,736	41.07	69,663,690	41.02	39,046	258.68
第56章 絮胎、毡呢及无纺织物；特种纱线；线、绳、索、缆及其制品	7,765,078	328.68	5,073,781	201.24	2,691,297	2,017.46
第57章 地毯及纺织材料的其他铺地制品	2,277,716	204.70	2,277,716	204.70	0	—
第58章 特种机织物；簇绒织物；花边；装饰毯；装饰带；刺绣品	613,072	21.95	491,599	222.15	121,473	-65.31
第59章 浸渍、涂布、包覆或层压的纺织物；工业用纺织制品	1,817,637	125.87	1,811,445	125.10	6,192	—
第60章 针织物及钩编织物	12,463,322	448.31	12,463,322	448.31	0	—
第61章 针织或钩编的服装及衣着附件	509,204,338	99.12	509,133,847	99.86	70,491	-92.77
第62章 非针织或非钩编的服装及衣着附件	343,500,981	38.58	324,442,341	39.33	19,058,640	26.92
第63章 其他纺织制成品；成套物品；旧衣着及旧纺织品；碎织物	141,673,337	52.06	141,564,880	54.61	108,457	-93.26
第64章 鞋靴、护腿和类似品及其零件	213,578,996	71.49	213,578,996	71.49	0	—
第65章 帽类及其零件	56,785,023	387.26	56,785,023	387.29	0	-100.00
第66章 雨伞、阳伞、手杖、鞭子、马鞭及其零件	1,645,800	159.57	1,645,800	159.57	0	—
第67章 已加工羽毛、羽绒及其制品；人造花；人发制品	11,576,593	29.94	2,922,686	3,005.28	8,653,907	-1.83
第68章 石料、石膏、水泥、石棉、云母及类似材料的制品	850,328	-39.58	825,220	-40.43	25,108	13.31
第69章 陶瓷产品	10,852,706	22.94	10,852,706	22.94	0	—
第70章 玻璃及其制品	1,802,724	90.82	1,682,870	120.44	119,854	-33.91
第71章 天然或养殖珍珠、宝石或半宝石、贵金属、包贵金属及其制品；仿首饰；硬币	3,041,720	51.20	3,041,720	52.86	0	-100.00

续表4

商品类章	进出口 2021年01月-2021年12月		出口 2021年01月-2021年12月		进口 2021年01月-2021年12月	
	人民币（元）	人民币同比（%）	人民币（元）	人民币同比（%）	人民币（元）	人民币同比（%）
第72章 钢铁	3,189,120	112.11	3,189,120	113.12	0	-100.00
第73章 钢铁制品	69,616,061	327.87	64,680,342	400.69	4,935,719	47.24
第74章 铜及其制品	430,867	-99.37	398,325	805.28	32,542	-99.95
第75章 镍及其制品	381,505	192.08	231	—	381,274	191.90
第76章 铝及其制品	5,515,181	97.24	1,300,505	98.46	4,214,676	96.87
第80章 锡及其制品	3,000	—	3,000	—	0	—
第81章 其他贱金属、金属陶瓷及其制品	62,170	-51.63	0	-100.00	62,170	-9.27
第82章 贱金属工具、器具、利口器、餐匙、餐叉及其零件	3,824,458	76.72	3,814,623	76.27	9,835	—
第83章 贱金属杂项制品	8,669,510	55.90	7,891,693	141.00	777,817	-65.98
第84章 核反应堆、锅炉、机器、机械器具及零件	345,382,181	6.58	203,106,413	38.11	142,275,768	-19.62
第85章 电机、电气设备及其零件；录音机及放声机、电视图像、声音的录制和重放设备及其零件、附件	157,237,434	128.14	141,350,925	137.48	15,886,509	68.98
第86章 铁道及电车道机车、车辆及其零件；铁道及电车道轨道固定装置及其零件；附件；各种机械（包括电动机械）交通信号设备	1,619,668	116.11	1,619,668	116.11	0	—
第87章 车辆及其零件、附件，但铁道及电车道车辆除外	19,152,075	78.70	18,860,348	82.46	291,727	-23.36
第88章 航空器、航天器及其零件	1,254,779,092	27,408.72	0	—	1,254,779,092	27,408.72
第89章 船舶及浮动结构体	54,800	30.48	54,800	30.48	0	—
第90章 光学、照相、电影、计量、检验、医疗或外科用仪器及设备、精密仪器及设备；上述物品的零件、附件	79,608,868	22.40	67,581,017	30.83	12,027,851	-10.12
第91章 钟表及其零件	8,963,616	203.06	8,960,265	224.47	3,351	-98.29
第92章 乐器及其零件、附件	4,736,641	132.30	4,708,660	131.78	27,981	272.09

续表5

商品类章	进出口 2021年01月-2021年12月		出口 2021年01月-2021年12月		进口 2021年01月-2021年12月	
	人民币（元）	人民币同比(%)	人民币（元）	人民币同比(%)	人民币（元）	人民币同比(%)
第94章 家具；寝具、褥垫、弹簧床垫、软坐垫及类似的填充制品；未列名灯具及照明装置；发光标志、发光铭牌及类似品；活动房屋	54,541,753	115.67	52,833,790	123.02	1,707,963	6.83
第95章 玩具、游戏品、运动用品及其零件、附件	10,376,082	92.68	10,376,082	92.68	0	—
第96章 杂项制品	18,259,629	61.21	18,257,976	61.28	1,653	-70.14
第98章 特殊交易品及未分类商品	1,074,887	-83.67	664,911	-78.27	409,976	-88.36

"中国海关史料丛书" 编委会

主 任 委 员　　胡　伟

副 主 任 委 员　　黄冠胜　杨振庆

编 委 会 委 员　　刘学透　赵燕敏　吴瑞祥　刘书臣　黄秀生
　　　　　　　　　李海勇　王晓刚　田　壮　王　虹　刘先中

执 行 主 编　　谢　放　詹庆华　郭志华

编　　　　辑　　房　季　王　虎　解　飞　范嘉蕾　李　多
　　　　　　　　刘金玲　贺　红